우리 헌법 이야기

차례
Contents

헌법이란 무엇인가

헌법전을 읽어보자

몇십 년을 옆집에서 살아온 이웃이 집 짓는 문제와 관련해서 다툼이 벌어지는 경우가 많이 있다. 일단 둘이 말로 싸우고, 또 다른 이웃들도 개입해보지만 잘 안될 때 최후에 하는 말은, "그래 법대로 하자."이다. 아니 그럼 법대로 하지 않는다는 말인가? 우리는 가끔 '준법투쟁'이라는 표어를 보면서 혼란스러워한다. 법대로 하는 것이 왜 투쟁이 된다는 말인가? 패러독스의 극치다.

사람은 태어나면서부터 법의 지배를 받는다. 심지어 죽은 이후에도 법의 규제를 받는다. 형법상 사자의 명예훼손죄도 있고 시체유기죄도 있다. 민법상 유산상속이 이루어지고 유언이 집행된다. 민법의 일부인 가족법에서는 서로 얼마나 사랑하는지가 문제가 될 때도 있다. 이렇게 우리는 법을 떠나 살 수 없는데도 법에 대해서 잘 모르는 경우가 많다. 법은 무섭고 어렵다고 피할 것이 아니라 적극 알고 이해하고 보호를 요청해야 하는 대상이다.

헌법은 우리 법체계에서 가장 상위의 법이지만 1990년대 이전의 오랜 기간 권위주의적인 정부가 계속되어 헌법이 그저 장식이거나 집권의 편의를 위한 도구로 전락했던 경험이 있다. 그러나 이제는 시대가 바뀌었다. 현행 헌법하에서, 특히 1988년 헌법재판소가 발족하자 헌법재판은 물론 일반 법원의 재판에서도 헌법을 염두에 두기 시작하였고 헌법이 살아있는 법으로 인식되기 시작했다. 예컨대 전두환 대통령 당시의 국제그룹 해체 위헌결정(헌재 1993.7.29, 89헌마131), 신행정수도이전 위헌결정(헌재 2004.10.21, 2004헌마554·566)과 노무현 대통령 탄핵사건(헌재 2004.5.14, 2004헌나1), 국회 날치기 통과 위헌결정(헌재 1997.7.16, 96헌라2) 등 굵직한 사건이 많았다. 사회적으로 논란이 되던 문제들이 헌법재판소의 결정을 통해 마무리되면서 헌법이 '장식적 또는 명목적' 헌법에서 실제 적용되는 '규범적' 헌법이 되었다. 그러므로 이제는 헌법을 잘 알고 헌법을 지키는 일에 관심을 두는 것은 대한민국 국민으로서 당연한 일이며, 따라서 헌법을 읽어보는 것은 의미 있는 일이 되었다.

심심할 때 헌법전(憲法典)을 한번 펼쳐보자. 법전이 없다면 법제처 홈페이지에 가면 볼 수 있다. 20분이면 충분히 읽어볼 수 있으니 한번 시도해 볼 만하다. 헌법은 전문(前文)과 본문 130개, 그리고 부칙 6개의 조문으로 구성되어 있다. 민법이 1,118개, 상법이 935개, 형법이 327개의 조문으로 되어 있는 데 비해서 비교적 짧은 법이다.

헌법의 맨 위에 전문이 나온다. 매우 유려한 문장이다. 그런데 읽다 보면 숨이 차다. 왜냐하면, 한 문장이기 때문이다. 총 433자인데 한 문장이다. 문학적으로는 훌륭하지만 수식 관계가 불분명해서 법률문장으로는 별로 바람직하지 않다. 그러나 제헌헌법(1948) 이래의 전통이다. 주어와 서술어를 골라보면, "대한국민은 …… 헌법을 …… 개정한다."이다. 주어가 '대한민국'이 아니니 주의하자.

본문은 (1) 총강, (2) 국민의 권리와 의무, (3) 국회, (4) 정부, (5) 법원, (6) 헌법재판소, (7) 선거관리, (8) 지방자치, (9) 경제, (10) 헌법개정 등으로 이루어져 있다. 보통 헌법학에서는 총론·기본권·국가조직의 세 부분으로 나누어 강의가 이루어진다. 총론은 (1) (9) (10) 장, 기본권은 (2) 장, 나머지는 국가조직(통치구조)에 속한다. 기본권 분야가 매우 중요하지만, 조문 수도 §10에서 §37까지로 그리 많지 않고, 규정형태도 개략적인 언급만 있다. 예컨대 §15에는 "모든 국민은 직업선택의 자유를 가진다."라고 규정하고 있을 뿐이다. 더 이상의 자세한 설명이 없다. 그에 비해 다른 부분, 특히 국가조직 부분은 비교적 자세히 규정되어 있다. 참고로 §10①은 '제10조 제1항'이라고 읽는다. 이 책에서 법의 명칭이 없는 것은 모두 헌법조문이다.

필자도 헌법학을 전공하기 전에는 헌법전을 다 읽어 본 적이 없다. 누구라도 읽는데 모르는 말이 자꾸 나오면 읽기를 포기하게 되는 것이 당연하다. 이 책이 도움이 되기 바란다. 그러나 이 책마저도 어려울 수 있겠다. 우리 헌법을 아주 쉽게 설명하려고 했지만, 지면의 한계로 충분한 설명을 못 한 부분도 있고 어쩔 수 없이 전문용어를 사용한 부분도 많다. 그러니 욕심 내지 말고 쉽게 읽히는 부분만 보면서 끝까지 도전해보기 바란다. 이 책을 끝까지 읽고 나서 "헌법전을 한 번 읽어 보았다."라는 느낌 정도만 있으면 좋겠다. 헌법전에는 어차피 헌법이 자세히 나오지 않는다. 자세한 헌법은 우리 주변에서 벌어지는 수많은 사건 속에, 그 사건들의 진행 뒤에 숨어있다. 그것이 살아 숨쉬는 우리의 진짜 헌법이다.

'헌법'의 '헌'은 헌법을 뜻하지 않는다

헌법은 한자로 憲法이라고 쓴다. 그런데 '헌' 자는 그냥 법을 의미한다. 한자를 분해해 보면 '대궐에 사는 왕의 생각'이라는 말이 된다. 그냥 법이라는 의미였고, 지금 우리가 생각하는 헌법을 의미하지는 않았다. 우리가 쓰는 헌법은 서구 근대 민주주의와 입헌주의의 산물이므로 그 이전부터 쓰이던 '憲'이라는 글자가 헌법을 의미했을 리가 없다. 헌법이라는 말은 일본의 미쓰쿠리 린쇼(箕作麟祥)가 1873년 프랑스어 'Constitution'을 번

역한 말인데, 메이지 헌법(1889)에 쓰이고 우리나라에 전해진 것이다. 우리나라 헌법의 기원이라 할 수 있는 홍범 14조(1894)나 상해 임시정부의 임시헌장(1919)에도 헌법이라는 말이 쓰이지 않다가 제헌헌법(1948)에 와서 비로소 헌법이라는 말이 쓰인다. 독일어의 'Verfassung'이나 영어의 'Constitution'은 모두 라틴어에서 온 말들인데 법적으로 규정된 조직이나 구조 또는 상태를 의미한다.

헌법은 국가의 통치조직과 통치작용에 관한 기초법이라고 정의된다. 쉽게 말하면 한 국가의 기본적인 것들을 정해놓은 법이다. 독일은 분단에 따른 임시적인 헌법이라는 의미에서 헌법(Verfassung) 대신에 기본법(Grundrecht)이라고 한다.

헌법은 국가 안에서 가장 효력이 높은 최상위의 법이다. 우리 법체계는 헌법→ 법률→ 명령→ 조례→ 규칙의 순서로 구성되어 있다. 여기서 명령은 대통령령과 부령을 의미하며, 조례는 지방의회가 만든 법규범, 규칙은 지방자치단체장이 발하는 것이다. 상위법은 하위법의 근거가 되며, 하위법은 상위법이 위임한 한도 내에서만 존재할 수 있고, 상위법에 위반되면 무효가 된다. 따라서 헌법은 모든 국내법의 근거가 되며, 모든 법은 헌법의 하위법이다.

대부분의 나라는 헌법전, 즉 성문헌법(실정헌법)을 가지고 있지만, 영국이나 이스라엘과 같이 성문헌법이 없는 나라도 있다. 이런 나라들도 국가의 기본적인 사항은 성문화되어 있지만 '헌법'이라는 이름으로 존재하지 않으며 그냥 법률의 형식으로 존재한다. 반면에 헌법전에 헌법의 내용이라고 보기 어려운 부분이 포함되기도 한다. 예컨대 미국 헌법의 금주(禁酒) 조항(수정헌법 §18, 1920년; 1933년에 폐지됨)이나 스위스 헌법의 동물도살에 관한 연방입법의 근거(§25②) 등이 있다.

국민은 헌법을 위반할 수 없다

우리가 일상에서 만나는 모든 사건은 법적인 사건이고 모든 사건은 헌법과 관련된다. 다만 사람들이 잘 모르거나 모르는 척할 뿐이다. 예를 들어보자. 1982년 레이 맨시니와의 복싱 WBA 라이트급 챔피언전에서 치열한 승부 끝에 쓰러져 의식불명이 된 김득구 선수에 대하여 4일 후 의사와 김 선수의 모친은 합의 하에 생명유지장치를 떼어 저세상으로 보내주었다. 뇌사인지 존엄사인지 잘 알려지지 않았으며, 생명권과 관련된 심각한 문제였지만 당시에 심각한 논의는 없었다. 생명권과 관련된 진지한 논의는 30년 가까이 지난 2008년 김모 할머니 존엄사 사건에서 비롯되었다. 오랫동안 사회적 논란을 거친 후 대법원은 2009년 5월 21일 존엄사에 관한 최초의 판결을 내렸다. 김모 할머니의 존엄사를 인정했지만, 일반적인 존엄사를 허용하는 것은 아니었다.

하지만 최근 우리나라에서도 헌법적인 문제들이 사회적으로 논란이 되는 것을 실감할 수 있다. 예컨대 무상급식 논쟁은 2010년 교육감 선거와 관련하여 최대의 쟁점이 되더니, 2011

년 서울시에서 무상급식과 관련된 주민투표가 추진되고, 투표율 미달로 개표가 무산되었지만 결국 서울시장의 사퇴로 이어졌다. 이야말로 교육을 받을 권리, 의무교육의 무상성, 또는 사회보장 수급권과 관련된 그야말로 헌법적인 문제가 아닌가?

그런데 자세히 보면 일반 국민은 헌법을 위반할 수 있는 경우가 드물다. 헌법위반 사례는 대부분 국가기관에 해당한다. 국민이 헌법을 직접 위반하기 어려운 것은 헌법이 최상위의 법이지만 구체적 사건에 적용될 때는 명령이나 법률 등 하위법이 먼저 적용되기 때문이다. 개인은 헌법위반 상황이 발생하기 전에 하위법 위반으로 제재를 받는다. 국가기관이 헌법을 위반해도 직접 제재를 받는 경우는 많지 않다. 형법이나 민법을 위반했을 때 곧바로 형벌이나 민사 강제집행의 제재를 받는 점과 비교된다. 그렇다. 헌법은 강제집행력이 아주 약한 법이다. 시대에 뒤떨어진 내용이나 너무 시대를 앞서 가는 내용을 규정하여 국민이나 국가기관이 무시하고 안 지키게 되더라도 어쩔 수 없는 것이 헌법이다. 그래서 헌법은 국민의 생각에 맞는, 그 시대에 적절한 내용을 담고 있어야 한다.

헌법은 완전하지 않다

헌법이 새 법이 아닌 '헌-법'인 이유는? 쉽게 바꾸기 어렵기 때문이다. 헌법의 제정과 개정에 대하여 알아보자. 헌법은 시대정신의 반영이다. '국민이 국가의 주인'이라는 국민주권이 확립된 근대 입헌민주주의 이래로 헌법은 국민적 의사의 반영이었다. 헌법의 중요한 기능으로 국가창설기능을 들 수 있는데, 국가가 만들어지고 헌법이 만들어지는 것이 아니라 헌법을 제정하는 일이 국가를 만드는 것이고, 국가가 창설되는 것은 헌법을 제정하는 것과 같은 행위라고 인식된다. 이때의 헌법제정은 성문헌법을 만드는 것만 의미하는 것은 아니다. 모든 국가가 헌법을 가지고 있다고 할 때, 추상적 의미의 헌법을 의미한다. 그렇다고 헌법제정이 고대 국가가 만들어지던 시기로 거슬러 올라가는 것만은 아니다. 국가의 본질(동일성)이 바뀌는 경우 같은 국가로 인식하기 어려우므로 이때 헌법의 제정이 있다고 할 수 있다. 조선 시대와 일제강점기는 현재와 같은 민주주의 또는 입헌민주주의라고 하기 어려워서 헌법적으로 대한민국은 그 이전의 조선과는 다른 나라이며, 따라서 1948년 헌법은 헌법의 제정에 해당한다.

헌법이 완벽한 내용을 갖추고 있는 것도 아니다. 국민의 의사에 따라 헌법이 제정되었다고 해도 계속 국민의 의사를 반영하는 것은 아니다. 시대가 변하면서 사회현상이나 국민의 의식과 틈이 벌어지기 마련이다. 그렇다고 헌법을 자주 바꿀 수는 없다. 너무 자주 바꾸면 또 바뀔 것을 예상하여 국민이 헌법을 존중하지 않게 된다. 즉 헌법을 개정하지 않으면 시대와 틈이 벌어지고 너무 자주 개정해도 규범력이 떨어지므로 적절한 때에 헌법을 개정해야 한다. 또 헌법은 국가의 기본법이므로 국회에서 법률을 만드는 것과 달리 국민투표로 최종 확정된다. 물론 독일이나 1960년 헌법 이전의 우리나라처럼 국회의 의결만으로 개헌하는 나라도 많다. 하지만 이 경우에도 일반 법률보다는 개정절차가 더 까다롭다(경성헌법 硬性憲法). 우리나라는 법률의 제정이나 개정은 국회 재적의원 과반수의 출석과 출석의원 과반수의 찬성으로 이루어진다. 이에 반하여 헌법개정은 대통령이나 국회 재적 과반수의 찬성으로 발의하고, 국회에서 재적 3분의 2 이상의 찬성으로 의결된 후, 국민투표로 확정된다(§128~§130). 따라서 헌법은 쉽게 개정하기 어려운데, 특히 요즘같이 사회가 다원화되어 일치된 의견을 도출하기 어려운 시대에는 더욱 그렇다. 현행 헌법이 역대 헌법 중 제일 장수하고 있는 이유 중의 하나이다. 그래서 헌법은 특성상 '헌-법'일 수밖에 없다.

그러면 헌법을 개정할 때 아무 내용으로나 개정할 수 있을까? 예컨대 현재의 우리나라 헌법을 개정하여 조선왕조가 부활한다면 실질적으로 왕이 통치하는 나라로 만들 수 있을까? 그렇게 개정할 수는 없다고 봐야 한다. 만약 모든 국민이 원하여 군주국가로 되돌아간다면 그것은 헌법의 개정이 아니라 새로운 헌법의 제정이 된다. 새 헌법은 전혀 다른 헌법이고 새 국가는 이전과 같은 국가가 아니다. 즉 헌법개정이냐 신헌법의 제정이냐의 구별기준은 '동일성'과 '계속성'이다.

헌법은 그 밖에도 국민의 기본권을 보장하고 권력을 창설하며 통제하는 기능을 한다. 앞에서 헌법은 강제집행력이 가장 미약한 법이라고 했는데, 그렇다면 국민은 헌법을 왜 지켜야 하는가? 왕이 통치한다면 무조건 지킬 수밖에 없다. 지키지 않으면 강제력이 동원되기 때문이다. 그러나 국민이 주인이라면 마음에 들지 않을 때는 지키지 않을 수도 있다. 그럼에도 국민 개인이 헌법을 인정하고 그 헌법 질서에 편입되기를 희망하는 것은, 헌법이 국민 개인을 보호해주기 때문이다. 즉 헌법이 기본권을 보장해 주기 때문에 국민은 헌법을 존중하는 것이다. 이를 위해서 헌법은 권력을 창설함과 동시에 권력을 통제한다.

헌법은 어떻게 만들어졌나

근대 민주주의는 유럽, 그중에서도 영국에서 제일 먼저 발전하였다. 영국은 성문헌법을 만들지는 않았지만, 17세기 이전에 귀족들에게만 보장되던 기본권들이 일반 국민에게 확대 적용되면서 입헌주의와 민주주의가 확립되었다. 예컨대 1215년의 대헌장(마그나 카르타 Magna Carta) §39는 "모든 자유민은 …… 동등한 자격을 갖는 사람들의 법률적 판단이나 국법에 의하지 않고는 …… 구속되거나 재산의 몰수를 당하지 않는다."라고 하였는데, 권리청원(1628)과 인신보호령(1679)에서도 그대로 인용되고 있다. 미국의 연방헌법과 주(州)헌법은 마그나 카르타에서 그 기원을 찾을 수 있는 이념을 담고 있다. 세계 최초의 성문헌법은 미국 연방헌법(1787)이다. 이후 프랑스 대혁명을 거쳐 유럽과 세계 각국에 민주주의와 자유·평등사상이 전파되면서 각국에서 헌법이 만들어졌다.

조선 시대에도 헌법이 있었을까? 물론 성문헌법은 없었다. 그러나 경국대전을 비롯한 여러 법에 국가의 기본적인 사항이 규정되어 있었으므로 실질적 의미의 헌법은 존재했다고 볼 수 있다. 그러나 지금 우리 헌법은 서구 근대국가의 문화적 산물이다. 이러한 의미의 헌법이 우리나라에 소개된 것은 구한말이다. 홍범 14조를 비롯하여 상해 임시정부 헌법(임시헌장) 등이 그것이다. 그러다가 일제강점기에서 해방되고 나서 헌법을 제정하였는데 이것이 제헌헌법(1948)이다. 그런데 국회도 없는 상태에서 어디서, 또 어떤 근거와 절차로 헌법을 만들었을까? 1948년 2월 26일 유엔에서 남한만의 자유총선거가 허락되었다. 이에 미군정법령 제175호로 선거법이 만들어졌고, 이에 근거하여 1948년 5월 10일 총선거가 시행되어 198인의 제헌의원이 선출되었다. 우리나라는 제헌의회가 임기 2년의 통상 의회로 전환된 것이 특징이다. 남북분단 상황을 고려하여 연이어 두 번 총선거하는 것은 비효율적이라고 판단한 것이다. 5월 31일 소집된 제헌의회는 이승만을 의장으로, 신익희와 김동원을 부의장으로 선출하였다. 이어 6월 3일 30인의 헌법기초위원과 10인의 전문위원을 임명하여 헌법제정에 착수하였다. 유진오의 초안(권승렬의 참고안)은 의원내각제·양원제, 대법원의 위헌법률심사 등을 내용으로 하였으나 이승만과 동조세력의 반대로 대통령제·단원제, 헌법위원회의 위헌법률심사로 내용이 바뀌었다. 그 후 6월 23일 국회 본회의에 상정되어 심의를 거친 후 7월 12일에 통과되었고 7월 17일에 공포되었다. 이는 8월 15일을 정부수립일로 지정하기 위한 것이었다. 우리는 처음부터 정치적 투쟁과 대립에 의한 왜곡과 편법의 불행한 역사를 가진 셈이다.

제1차 개헌 전에 두 번의 헌법개정안 발의가 있었다. 헌법개정은 이승만과 원내 다수세력을 형성한 야당(한민당 등) 간의 정치투쟁에서 시도되었다. 야당이 발의한 의원내각제 개헌안(1950.1.28)은 부결되었다(재적 179, 찬성 79, 반대 33, 기권 66, 무효 1). 1950년 5월 30일의 제2대 국회의원 선거에서 지지세력이 줄어든 이승만은 국회 간선으로는 재선되기 어려울 것 같아 6·25로 인한 부산 피난 중 정부안으로 대통령직선제 개헌안(1951.11.30)을 발의하였으나 역시 부결되었다(출석 163, 찬성 19, 반대 143, 기권 1). 대통령직선제 개헌안을 부결시킨 야당 국회의원들은 다시 의원내각제 개헌안을 발의하였다(1952.4.17). 이에 정부는 대통령직선제 개헌안을 또다시 발의하였다(1952.5.14). 이에 정부 측의 대통령직선제에 야당 측의 국무원 불신임제가 가미된 절충안(발췌개헌, 拔萃改憲)이 공포 분위기 속에서 통과되었다(출석 166, 찬성 163, 기권 3). 이것이 제1차 개헌인데, 30일 이상의 공고절차를 지키지 않았다는 점과 독회(讀會) 절차와 자유토론이 생략된 채 공포 분위기에서 통과되었다는 점 등 위헌성이 제기된다.

1954년 5월 20일 제3대 국회의원선거에서 자유당이 원내 다수당을 차지하였다. 그러자 당시 이승만 대통령의 장기 집권을 위하여 3선(選)이 가능한 쪽으로 개헌안을 발의하였다.

이에 앞서 정부는 경제조항에 규정된 통제 내지 계획 경제적인 내용을 자유시장경제로 전환하는 내용의 개헌안을 제출한 바 있다(1954.1.23. 제4차 개헌안). 그러나 돌연 이 개헌안을 철회하였는데 3선 개헌안을 제출하기 위한 포석이라고 알려졌다. 재적 203명 중 136명의 찬성으로 발의된 이 개헌안은, 찬성 135, 반대 60, 기권 7, 무효 1로 의결정족수인 3분의 1에 해당하는 135.333…… 즉, 136명에서 1표가 부족하여 부결되었다(1954.11.27.). 그러나 소수점 이하를 반올림하여 의결정족수를 135명이라고 해석, 이틀 후 자유당의원들만 모인 상태에서 지난번 부결을 번복하였고 같은 날 공포되었다. 제2차 개헌은 사사오입개헌(四捨伍入改憲)으로 불린다. 이는 의결정족수에 미달하였으므로 불법적인 개헌(절차상 문제점)이었다. 또한 "이 헌법공포 당시의 대통령은 §55① 단서의 제한(단 재선으로 1차 중임할 수 있다)을 적용하지 아니한다."라는 규정을 부칙에 둠으로써 이승만 개인에 대한 중임제한을 철폐한 것은 평등원칙에 어긋난다(내용적 문제점).

그 이후에도 우리 헌법개정사는 정상적인 상황에서 규범력을 높이기 위하여 개정되었다기보다는 정치적 투쟁의 결과로, 또는 집권의 연장 또는 통치의 편의를 위한 개정이었으며 대부분 절차상 하자가 있었다. 다행인 것은 1987년 개정된 현행 헌법이 그나마 가장 평화적으로, 또 여야 합의로 국회에서 발의하여 통과된 법이라는 점이다. 역대 헌법 중에서 가장 장수하고 있는 헌법이기도 하다. 그렇다고 현행헌법이 완벽하다는 것은 아니다. 1988년 전 전두환 대통령 재임 당시 대통령의 임기를 보장해 주고 자연스럽게 정부를 이양하려다 보니 충분한 논의를 하기에는 시간이 부족했으며, 여야 합의가 어려운 부분은 그냥 덮어두거나 어정쩡하게 언급하고 넘어간 부분도 많다. 개략적인 우리 헌법개정사는 다음 표와 같다.

개정	공포일	별칭	특색	비고
제헌	1948.7.17	제헌헌법 (건국헌법)	대통령제와 의원내각제 혼합	제헌의회 통상의회전환
1차	1952.7.7	발췌개헌	대통령직선제	공고절차 위헌
2차	1954.11.29	사사오입개헌	중임제한철폐 자유시장경제	의결정족수 미달
3차	1960.6.15	의원내각제 개헌	의원내각제 양원제	개헌안 기명투표 (소수당 주도 개헌)
4차	1960.11.29	부칙만의 개정	4·19책임자처벌	시위대 의사당 점거
5차	1963.12.17	3공헌법	5·16후 민정이양 대통령제	개헌에 국민투표 도입(이전 헌법과 단절)
6차	1969.10.21	삼선개헌	대통령 3선가능	여당 기습처리
7차	1972.12.27	유신헌법	권위주의적 대통령제	국회해산 후 국민투표
8차	1980.10.27	5공헌법	완화된 유신헌법	비상적 상황 하에서 개헌
9차	1987.10.29	현행헌법	여야 합의 국회안 대통령제	3공헌법과 유사

독도는 왜 우리 땅인가

한일 간의 독도영유권 분쟁에 대해 외국인이 "독도는 왜 한국 땅인가?"라고 묻는다면 뭐라고 해야 할까? 역사의 사건들을 늘어놓으면서 "이러므로 우리 땅이다."라고 장황하게 설명해야 할까? 그럴 만큼 역사적·법적 근거를 기억하고 있는 국민은 많지 않을 것이다. 오히려 "왜 내가 '내 아내는 왜 나의 아내인가' 를 증명해야 하는가?"라고 반문해야 옳지 않을까? 독도 문제는 매우 어렵고 조심스러운 문제다. 역사적으로 우리나라의 땅이었던 것은 맞지만, 관리가 어려워서 무인도로 방치된 적이 많았다. 특히 근대 일제강점기 전후로 서양식 제도를 먼저 받아들인 일본이 자기네 땅이라고 주장할 만한 근거들을 멋대로 만들어 놓았다. 또 일제강점기 해방 과정에서 명쾌하게 정리되지 못한 측면도 있다. 그러므로 좀 더 관심을 두고 연구하여 실효적 지배를 강화해 나가는 방안이 필요하다.

대한민국의 영토는 한반도와 그 부속도서로 한다(§3). 여기서 바로 떠오르는 의문은 "그러면 북한도 우리나라 땅인가?" 하는 점이다. 정답은 "그렇다."이다. 북한도 우리나라 땅이다. 적어도 헌법적으로는 그렇다. 지정학적으로 한반도는 두만강과 압록강 이남을 지칭하는 말이기 때문이다. 그런데 실질적으로 우리 헌법의 규범력이 북한지역에 미치지 못하기 때문에 실효성이 없는 규정이 되고 말았다. 헌법 초안을 작성한 유진오의 말에 따르면 원래 우리 땅이었기에 '회복해야 할 당위성'을 표현한 것이라고 한다. 그렇다면 간도나 대마도는 왜 우리 땅이라고 하지 않았을까? 그런 당위성이 법조문에 표시되는 것은 바람직하지 않다. 법은 현실에서 강제로 실현되어야 하므로 자칫 다른 규정들의 규범력까지 약화시킬 수 있다. 이 영토조항 때문에 현실적으로 어려운 해석상의 문제가 여럿 발생한다. 예컨대 북한을 이탈한 주민에 대한 별도의 조사와 절차는 있지만,

외국인이 우리나라로 망명하는 것과는 달리 취급된다. 반면에 정부의 허가 없이 북한에 가거나 북한주민을 만나면 국가보안법 위반으로 처벌된다. 그러면서도 남북교류협력에 관한 법률에 따라 남북 간의 교류를 인정하고 장려해야 하는 정부로서는 여러 가지 복잡한 문제를 어떻게 조화시켜야 할지 고민일 것이다. 한편 북한도 1948년 헌법에 '조선민주주의인민공화국의 수도는 서울'이라 하였고, 그 이후에도 '전국적 범위에서 외세를 물리치고'라는 규정이 있었다.

헌법은 영토만 언급했지만, 땅뿐만 아니라 바다와 공중도 일정 부분 우리나라의 독점적이고 배타적인 영역이다. 영해 및 접속수역법에 따르면 우리의 영해는 원칙적으로 12해리(海里, 1해리는 1,852m)가 인정된다. 그 이상의 바다는 '공해(公海)'라고 한다. 또 영토와 영해의 수직 상공은 우리나라의 독점적 영역인데, 이를 '영공'이라고 한다. 그런데 어느 높이까지 우리의 영역일까? 여러 가지 학설이 있으나 일반적으로 부양력설을 따른다. 즉, 보통의 비행기가 뜰 수 있는 곳까지의 상공이 우리의 영공이다.

영토는 국민·주권과 더불어 국가의 3요소다(G. Jellinek의 학설). 적절한 설명이지만 현대에 들어와서 좀 더 동태적으로 파악해야 할 필요성 때문에 국가권력과 더불어 헌법의 공간적, 인적 효력범위라고 부른다. 예컨대 헌법은 한 국가의 영토에 효력이 미치는데, 국외에 있는 비행기와 선박은 어떤가? 또 우리나라에 있는 외국인에게도 (헌)법이 적용되어야 할 경우도 많다. 아직 그 나라의 국적을 취득하지 못한 외국의 교포들에게도 (헌)법이 적용된다. 2012년 국회의원선거와 대통령선거부터는 재외동포도 선거권을 일정 부분 행사할 수 있게 되었다.

한편 헌법상 우리나라의 구성원을 국민이라고 한다. 이것은 사회의 구성원인 인민과 구별되고 지방자치단체의 구성원인 주민과 구별되는 말이다. 시민이라고 하는 말은 시에서 사는 사람을 말하거나 국민과 동의어로 쓰이지만, 원래는 중세에서 근대로 넘어오면서 새로 만들어진 자본가계급인 부르주아계급을 지칭하던 말이었다. 국민이 될 수 있는 조건은 국적법에 나온다. 출생으로 말미암은 국적취득은 부모를 기준으로 하는 속인주의와 출생지를 기준으로 하는 속지주의가 있는데, 우리나라는 속인주의가 원칙이다. 예외적으로 우리나라에서 태어났으나 부모를 모르면 우리 국적을 준다. 후천적 취득은 부모양계혈통주의, 부부별개국적주의, 예외적 이중국적주의를 채택하고 있다. 1997년 이전에는 부자동일국적주의, 부부동일국적주의, 이중국적의 금지 등이 원칙이었다. 이중국적을 허용하는 나라도 많은데 우리는 병역의무를 회피하는 수단으로 악용되지 않도록 제한적으로만 허용하고 있다. 즉, 원정출산자의 직계비속은 병역의무를 마쳐야 국적이탈을 할 수 있다. 복수국적이 된 경우에도 대한민국의 법령적용에서는 대한민국 국민으로만 처우하는 것으로 하였고, 대한민국에서 외국국적을 행사하지 않을 것을 서약해야 한다. 그렇지 않으면 법무부 장관이 국적선택명령을 할 수 있다.

민주주의 원리

2011년에 역사교과서의 용어 표기에서 '자유민주주의'라고 할 것인지 그냥 '민주주의'라고 할 것인지에 대한 논란이 빚어진 적이 있다. 그렇다면 우리 헌법에서 민주주의는 어떤 의미일까? 실제로 민주주의는 너무나 다양하게 쓰인다. 현대국가 중에서 표면적으로 민주주의를 부정하는 국가는 없다고 해도 과언이 아니다. 실천원리 또는 정치원리로서 의미가 있는 민주주의는 앞에 붙는 수식어에 따라 정반대의 의미가 되기도 한다. 옛 소련의 경우 자칭 '노농민주주의(노동자 농민의 민주주의)'라고 했으며, 북한의 공식 명칭은 '조선민주주의인민공화국'이다. 우리 헌법도 민주주의를 표방하고 있다. 전문의 민주이념과 자유민주적 기본질서는 국가의 이념을, 민주개혁은 정치·경제·사회질서의 발전방향을 의미한다. 또 §1①의 민주는 국가형태를, §4의 자유민주적 기본질서는 통일정책 방향을, §8의 '민주적'은 정당의 준칙을, 민주적 기본질서는 정당의 해산요건을, §32의 민주주의 원칙은 근로에 대한 입법기준을 각각 의미한다. 이렇게 우리 헌법에 민주주의란 말이 여러 번 나오지만, 민주주의가 헌법상의 원리라는 총론적 규정은 없다(법치국가와 사회국가라는 말은 전혀 없다). 개헌논의에서 권력구조에만 논의가 집중되고 이런 학문적 개념에 대한 논의는 미흡했기 때문이다.

여기서 민주주의에 대한 이해가 우리와 비슷한 서유럽과 미국·일본 등에 공통되는 특징을 알아보자. 민주주의의 출발점은 국민주권론이다. 우리 헌법은 §1②에서 "대한민국의 주권은 국민에게 있고, 모든 권력은 국민에게서 나온다."라고 하였다. 이는 이념적 통일체로서의 전체국민이 주권을 가진다는 것을 의미한다. 보댕(J.Bodin, 1530~1596)은 주권론의 창시자로 불리는데, 『국가에 관한 6편(1576)』에서 군주주권론을 주장하였다. 주권이란 한 국가의 절대적이고 항구적인 권력이며 최고의 명령권이라고 하면서, 주권적 군주를 신의 대리자로 생각하였고(왕권신수설), 모든 권력은 군주에게 집중되어야 한다고 하였다. 다만 신법과 자연법, 스스로 체결한 계약에는 구속된다고 하였다. 이는 당시 십자군 전쟁의 실패로 말미암은 교황권의 추락과 프랑스 내부의 혼란을 종식하고 질서를 회복하기 위한 주장이었다. 군주주권론은 중세 말의 혼란을 종식하는 데 기여했으나 곧 한계에 부딪히는데, 군주가 국민이 아니라 자신을 위해서 권력을 행사하는 경우가 많았기 때문이다. 이에 군주주권론과 거의 동시에 주권의 소재는 군주가 아니라 국민이어야 한다는 국민주권론이 대두하였다. 이는 대체로 사회계약설과 결합하여 나타나며, 알투지우스(J. Althusius, 1577~1633), 로크(J. Locke, 1632~1704), 몽테스키외(Montesquieu, 1689~1755) 등이 주장했다.

국민주권의 행사방법은 대의기관을 통한 간접민주주의(대의제)와 직접 국가의사를 결정하는 직접민주주의가 있다. 대의제는 국회의원선거(§41)와 대통령선거(§67), 지방자치단체장 및 지방의회의원선거(§118) 등에, 직접민주제는 중요정책에 대한 국민투표제(§72), 헌법개정안에 대한 국민투표제(§130) 등에 나타나 있다. 이 부분은 '국가조직은 어떻게 만들어지나(69쪽)'에서 설명하겠다.

민주주의는 특정한 이념을 강요하지 않으며 구성원의 자유선택에 맡긴다. 이를 '가치상대주의' 또는 '다원주의'라고 한다. 근대 초기에는 다수 의사에 따르기만 하면 민주주의로 생각하였다. 즉, 정치적 영역에서 가치상대주의는 다원적 이해관계가 자유롭게 표현되며, 또 그것이 정당화되는 과정으로 나타난다. 다원주의의 실체는 누구나 자기 이익을 추구하는 이익다원주의이며, 그 형태는 같은 이익을 가진 사람들이 함께 행동하는 집단다원주의로 나타난다. 한편 제2차 세계대전을 거치면서 민주적 방식에 의한 나치의 집권과 인권유린을 경험한 독일에서는 민주주의를 부정하는 자에게는 민주주의를 허용하지 말자는 방어적 민주주의 개념이 생겨났다. 여기서 방어하려는 민주주의의 성격을 '자유민주주의'라고 한다.

다수결원리와 법치국가

다수결원리는 다수 의사를 전체의 의사로 간주하고 소수는 이에 따르는 것이다. 다수결원리는 고대에도 있었으나, 근대 민주주의에서 국민이 국가의사결정에 직간접으로 참여하게 됨에 따라 결정방식으로 중요시되었다. 그런데 소수는 자기 의사가 아닌데도 불구하고 승복해야 하는 이유가 무엇일까? 경험적으로 다수 의사가 반드시 옳았다고 하기는 어렵다. 여러 철학적 설명이 있지만, 다수 의사를 전체의사로 간주하는 것이, 자신의 의사와 다르지만 승복해야 하는 사람이 적기 때문이라는 설명이 가장 설득력이 있다. 반대로 소수 의사를 전체의사로 간주한다면 얼마나 불합리할까? 이때 소수가 승복하기 위한 전제조건은 소수도 다음에는 다수가 될 가능성이 열려 있어야 한다는 점이다. 동시에 다수는 소수가 될 수 있으므로 다수일 때 소수를 배려하는 것이 자신들이 소수가 되었을 때 보호받는 일이라는 점을 알아야 한다. 물론 다수결에 참여하는 모든 사람은 평등해야 한다. 그런데 우리나라에서 다수결원리가 가장 무시되는 사례로는 국회의 이른바 '날치기 통과'와 이에 대한 소수당의 폭력사태를 들 수 있다. 가장 민주적이어야 하는 국민의 대의기관에서 다수결원리가 무시되는 것은 아이러니다. 이 문제는 국회 부분에서 설명한다.

민주주의가 국가의 내용적 측면이라면, 형식적 측면으로는 법치국가원리를 들 수 있다. 법치주의 또는 법치국가란 인간이 아니라 법이 통치해야 한다는 말이다. 인간은 자의적(恣意的)으로 통치할 위험이 있으므로 통치는 객관적이고 공정한 법에 따라 이루어져야 한다. 따라서 법치국가원리는 전통적으로 국민의 자유와 권리를 제한하거나 국민에게 새로운 의무를 부과할 때 반드시 국회에서 제정한 법률에 따라야 한다는 소극적 정치원리로 이해되었다. 그러나 선재(先在)하는, 제한해야 할 권력이 존재하지 않게 된 현대에는 국가권력의 기능적·조직적 형태를 정하는 적극적 구성원리로 이해한다. 역사적으로 영국은 법의 지배(Rule of Law) 원리에서 비롯되었고, 이후 미국과 프랑스에서도 법치주의가 확립되었다. 독일은 1871년에서야 통일이 되었고, 또 제정(帝政)이었기 때문에 법의 지배 사상은 형식적으로만 받아들여졌다. 즉, 법률에 따른 행정만이 강조되고 법률의 내용은 문제 삼지 않는 경향이 있었다(형식적 법치국가). 그러다가 제2차 세계대전 이후 법률의 내용도 국민의 자유와 권리를 보장하는 것이어야 한다는 실질적 법치국가로 발전하였다.

우리 헌법에는 법치국가 또는 법치주의라는 말이 없지만, 성문헌법과 경성헌법을 통한 헌법의 최고성, 입법이 다른 국가행위에 우선한다는 원칙, 인간의 존엄과 가치 및 기본권의 보장, 권력분립, 사법절차의 보장 등이 법치국가의 표현이다.

그리고 사회국가

부익부 빈익빈(富益富 貧益貧), 부자는 더 부자가 되고 가난한 사람은 더 가난하게 된다는 말이다. 근대 자본주의 초기에는 능력 있고 열심히 일한 사람이 잘살고, 능력이 없거나 노력하지 않는 사람이 못사는 것은 당연하게 여겼다. 그래서 19세기 이전의 야경국가(夜警國家)에서 국가는 치안과 국방만 책임지면 되었다. 경제문제는 개인이 알아서 해야 할 사적인 영역이며 사생활이었다. 따라서 국가는 '작은 정부'를 지향하였다. 민법적으로도 소유권 절대와 계약자유의 원칙이 지배하였다. 그러나 시대가 흘러 이러한 원칙에 의문이 생겨났다. 부모가 부자인 사람은 일을 안 해도 잘 먹고 살 수 있고, 부모가 가난한 사람은 아무리 노력해도 가난하게 살 수밖에 없었다. 중세의 계급사회와 다를 게 없다. 자유와 평등은 말뿐이고 실질적으로는 부자유와 불평등이 점점 커지게 되었다.

"○○아이스크림, 골라 먹는 재미가 있다."라고 하던 CF가 있었다. 그런데 돈이 없는 사람에게는 골라 먹는 재미가 아니라 아예 아이스크림을 살 여유가 없다. 그래서 나타난 것이 사회국가원리다. 국가가 국민에게 모든 사회경제를 맡기는 자유방임이 아니라 기본 출발선에서 도와준다. 사회국가는 실질적 자유와 실질적 평등을 추구한다. 이해관계를 조정하고 모든 국민의 복리를 될 수 있으면 평등하게 증진하고 부담 또한 평등하게 분담시키려 한다. 이때 평등은 최대한의 기회균등과 사회적 약자를 특별히 보호하는 방향으로 실현된다. 개인의 능력으로 해결하기 어려운 사회적 위험, 예컨대 교육과 의료, 실직과 노령, 출산과 육아, 환경보전 등의 문제에 국가가 적극 개입(급부와 배려)한다.

사회국가원리는 경제질서에서 사회적 시장경제질서, 기본권 분야에서는 사회권으로 나타난다. 우리 헌법은 개인과 기업의 경제상의 자유와 창의를 존중함을 기본으로 하면서도(§119①), 국가는 균형 있는 국민경제의 성장 및 안정과 적정한 소득의 분배를 유지하고, 시장의 지배와 경제력의 남용을 방지하며, 경제주체간의 조화를 통한 경제의 민주화를 위하여 경제에 관한 규제와 조정을 할 수 있다(§119②)고 하였다.

우리나라에서는 사회주의와의 혼동 가능성 때문에 사회국가를 복지국가라고 부르기도 한다. 사회주의는 국가가 생산과 소비의 모든 분야를 포괄적으로 책임지는 사회인데, 근로의욕의 저하로 생산성이 떨어진다는 것이 최대의 단점이다. 포괄적 배려가 지나치면 사생활의 간섭까지도 허용되는 부작용이 나타난다. 사회주의가 완성된 극단적인 형태를 공산주의라고 한다. 한편 복지국가를 사회국가와 구분하여 말할 때는, 북유럽처럼 사회국가의 정도가 지나쳐서 국가가 포괄적으로 책임을 지므로 사회 병리적 현상이 심해지는 사회를 가리킨다.

기본권이란 무엇인가

인권과 기본권

영국의 명예혁명(1688), 미국의 독립전쟁(1776), 프랑스 대혁명(1789) 등의 시민혁명을 통해 중세 말의 절대왕정이 무너지고 근대적 민주주의가 성립하였다는 것은 앞에서 설명하였다. 이런 시민혁명으로 국민이 국가의 주인이 되었지만 실제로 모든 국민이 국정운영에 참여할 수는 없다. 따라서 누군가를 시켜서 국가를 실제로 운영하는데(대의제), 이때 국민은 어떤 조건을 내걸까? 그냥 마음대로 통치하라고 하면 왕이 통치하던 때와 다를 바 없다. 그래서 (헌)법에 따라 통치하고, 국민의 기본적 권리를 보장해 달라고 요구하였던 것이다. 시민혁명은 이런 (헌)법이

제정되기 전에는 천부인권(天賦人權)을 근거로 자신들의 권리를 주장했다. 하늘이 준 권리니까 왕도 이를 무시해서는 안 되고 대통령이나 의회도 이를 무시해서는 안 된다는 것이다. 이것을 인권이라고 한다.

그러나 인권이 인정된다 해도 실제로 보장되기 위해서는 법에 내용과 절차가 구체적으로 있어야 한다. 그래서 시민혁명을 거친 각국에서는 헌법에 기본적인 국민의 권리들을 나열하게 되었고 이를 기본권이라고 한다. 따라서 인권과 기본권은 구체적 목록에서 별 차이가 없다. 하지만 같은 말은 아니다. 성격상 20세기 이후에 생겨난 사회권 같은 것을 인권이라고 부르기에는 좀 어색하다. 왜냐하면, 인권은 개념상 보편타당성을 가지나 사회권은 각국의 사정에 따라 천지차이이기 때문이다. 예컨대 생명권은 인권으로서 어느 나라에서도 보장된다고 할 수 있지만, 육아수당이나 노령연금 등의 사회보장수급권은 태어나면서부터 가지고 태어났다거나 모든 나라에서 똑같이 보장되는 것은 아니다. 한편 우리 헌법은 제2장에서 국민의 권리와 의무를 규정하였는데 기본권이란 말을 한 번도 사용하지 않는다. 권리는 기본권보다 훨씬 넓은 개념이다.

기본권의 주체와 효력

우리 헌법은 모든 기본권의 주체를 '모든 국민'이라고 한다. 그러면 외국인이나 외국 국적의 재외교포는 우리 헌법상의 기본권을 누리지 못한다는 말인가? 만약 그렇다면 대한민국 땅에 거주하는 외국인은 강도를 만나도 전혀 법적 도움을 요청할 수 없게 된다. 실제로 외국인도 일정 부분 기본권을 누릴 수 있으므로 도움을 받을 수 있다. 외국인에 대한 취급은 원칙적으로 상호주의다. 상대국에서 우리나라 사람에게 보장해 주는 만큼 우리도 그 나라 사람을 보호해 준다. 따라서 우리나라에 있는 외국인에 대한 취급이 개별적으로 달라질 수 있다. 예컨대 국가배상법 §7는 "이 법은 외국인이 피해자일 때 해당 국가와 상호 보증이 있을 때에만 적용한다."라고 하였다. 그러나 생명권이나 신체의 자유 등 인간으로서 누려야 할 기본권은 나라에 상관없이 모두 보장해 준다. 한편 사람은 자연인과 법인으로 나뉘는데, 민법상의 재단법인과 사단법인, 상법상의 회사 등의 법인도 일정한 범위에서 기본권을 누린다. 즉 법인을 운영하기 위한 재산권이나 재판청구권 등을 가진다. 당연한 얘기지만 사람이 아니면 기본권을 누릴 수 없다. 개발이냐 환경보전이냐의 논쟁이 거세었던 천성산 터널 공사와 관련된 사건에서, 대법원은 "도롱뇽 또는 그를 포함한 자연 그 자체로서는 소송을 할 당사자능력을 인정할 수 없다."라고 하여 기본권 주체성을 부인하였다(대판 2006.6.2, 2004헌마1148 등).

물론 우리나라 사람이라고 해서 누구나 모든 기본권을 누리는 것은 아니다. 헌법 §24는 "모든 국민은 법률이 정하는 바에 의하여 선거권을 가진다."라고 하였는데, 공직선거법 §19①이 "19세 이상의 국민은 대통령과 국회의원의 선거권이 있다."

라고 하여 19세 미만의 국민은 선거권이 없다. 공무원이나 군인 등의 특수한 신분관계에서는 기본권의 보장범위가 다르다거나, 공기업 등 공법인은 원칙적으로 기본권을 누릴 수 없다든가 하는 복잡한 이야기는 생략한다. 다만 이렇게 다양한 기본권의 주체를 단순히 '모든 국민'이라고 표현한 헌법에 문제가 있다는 점만 지적하고 넘어가자. 참고로 독일은 기본권에 따라 인간(Menschen), 모든 독일국민(Alle Deutschen) 또는 누구나(Jeder) 등으로 구분함으로써 일반인도 쉽게 기본권의 주체를 알 수 있게 하였다.

다음으로 기본권의 효력과 관련하여 살펴볼 것은 대 사인적 효력이다. 왜냐하면, 기본권은 원래 국가권력에 관하여 주장되었고 지금도 그 점은 변함이 없기 때문이다(대 국가적 효력). 자유권은 소극적으로 가만히 있어달라는 방해배제를 요청하고, 사회권은 적극 어떤 것을 해 달라고 요청하는 등, 요청하는 내용이 다를 뿐 모두 국가에 대하여 요청하는 것이다. 그러나 현대에는 대기업과 언론기관처럼 국가권력에 따르는 세력들이 실질적으로 기본권을 침해하는 현상이 나타났다. 이 경우에 기본권이 적용되지 않는다면 기본권은 상당한 영역에서 무용지물이 될 것이다. 그래서 나타난 것이 기본권의 대 사인적 효력(제삼자 효) 이론이다. 기본권이 사인 간에도 직접 적용된다는 주장도 있지만, 대다수 학자들은 기본권이 사인 간에 간접적으로만 적용된다고 본다. 대표적으로 공서양속설이 있다. 대기업이 신입사원을 뽑을 때 여자에게 "입사 후 결혼하면 퇴직한다."라는 각를 받고 합격시켰다고 하자. 일단 입사가 급선무이므로 각서를 쓰고 입사했지만, 실제로는 결혼과 임신 때문에 휴직을 원하는데 입사 시에 쓴 각서 때문에 퇴사를 강요당한다면 어떻게할까? 민사상 계약자유의 원칙에 따라 각서가 법적 효력을 가진다면 퇴직할 수밖에 없을 것이다. 그러나 우리 민법 §103은 "선량한 풍속 기타 사회질서에 위반한 사항을 내용으로 하는 법률행위는 무효로 한다."라고 하였는데, 이 '선량한 풍속 기타 사회질서(공서양속)'의 구체적 내용에 기본권의 내용을 넣어서 판단하면 간접적으로 대기업과 개인의 사인 간에 기본권이 적용되는 결과가 된다. 그러므로 앞의 결혼퇴직각서는 헌법 §10의 행복추구권이나 §11의 평등권을 위배하여 공서양속에 위반되고, 따라서 입사 시의 각서는 무효라고 해석하는 것이다. 보통 개인이 다른 사람의 기본권을 침해했다고 주장하는데, 대부분은 기본권이 직접 적용된다기보다는 민법이나 형법 등 법률을 적용함으로써 해결된다.

기본권을 한마디로 줄이면

때는 일본강점기로 독립투사 한 명이 컴컴한 경찰서 지하 취조실에 잡혀 왔다. 그런데 이 독립투사 앞에는 왜소한 일본인 형사가 한 명 앉아 있을 뿐이고, 무슨 생각에서인지 이 독립투사를 묶지도 않고 의자에 앉혀 놓았을 뿐이다. 주먹으로 둘이 맞붙는다면 독립투사에게 승산은 충분히 있다. 이 독립투사는 어떻게 할 수 있을까? 사실 할 수 있는 일은 아무것도 없다. 때리면 맞을 수밖에 없다. 동지들이나 가족들에게 연락할 수도 없다. 법에 호소? 당연히 안 된다. 왜냐하면, 때는 일제강점기이며 밖에는 다른 형사들이 대기하고 있을 것이기 때문이다. 이때 침해된 기본권은 무엇인가? 도무지 인간으로서 주체적으로 해 볼 수 있는 일이 아무것도 없고 그냥 객체로서 취급당해 인간의 존엄과 가치(§10)가 침해되고 있다고 할 수 있다. 인간의 존엄과 가치가 무엇이냐고 물으면 딱히 정의하기는 어렵다. 그러나 구체적 사례를 들어보면 쉽게 수긍할 수 있다. 예컨대 위의 사례와 같은 고문, 또는 인신매매나 노예제도 등은 인간의 존엄을 해치는 것이라는 데 이견이 없다. 인간의 존엄과 가치 조항은 모든 기본권의 이념이라고 할 수 있으며, 다른 개별 기본권들을 해석하는 기준이 된다. 헌법에 나오지 않는 기본권의 근거조항으로 들기도 한다. 다만 우리 헌법은 §37①에서 "국민의 자유와 권리는 헌법에 열거되지 아니한 이유로 경시되지 아니한다."라고 별도의 조문을 두고 있다. 그런데 우리 헌법은 독일식(독일 기본법 §1)인 인간의 존엄과 가치 조항 외에 미국식 표현인 행복추구권을 동시에 규정하고 있다. 그래서 헌법 §10는 "모든 국민은 인간으로서의 존엄과 가치를 가지며, 행복을 추구할 권리를 가진다."라고 하였다. 물론 행복한 상태에 대한 개인적 기준이 각각 다르다는 점 때문에 법적 개념으로서는 약점을 가지고 있다. 그럼에도 1980년 헌법 이래 계속 규정되었고, 헌법재판소도 행복추구권을 침해하여 위헌이라는 판결을 다수 내린 바 있다. 헌법재판소는 행복추구권 속에 일반적 행동자유권과 개성의 자유로운 발현권 등이 함축되어 있다고 한다.

한편 개별 기본권을 적용할 때, 평등하게 적용해야 한다는 의미의 평등원칙은 헌법 §11①에 규정되어 있다. "모든 국민은 법 앞에 평등하다. 누구든지 성별·종교 또는 사회적 신분에 의하여 정치적·경제적·사회적·문화적 모든 영역에서 차별을 받지 아니한다."라고 하였다. 평등이란 무엇인가? 예컨대 함께 집을 지은 모든 사람이 똑같은 임금을 받는 것인가? 아니면 목수와 미장이, 석공과 설계자 등이 각각 기여한 바에 따라 다르게 보수를 받는 것인가? 정치적 영역에서는 형식적으로 같게 취급되는 형식적 평등이, 사회·경제적 영역에서는 평가에 따라 달리 취급되는 실질적 평등이 적용된다. 또 결과의 평등인가 아니면 기회의 균등인가? 우리 헌법에서 평등은 원칙적으로 기회의 균등을 의미한다. 예컨대 "모든 국민은 능력에 따라 균등하게 교육을 받을 권리를 가진다(§31①)."라고 하였는데, 수학능력이 없는 사람까지 모두 대학에 들어가는 것이 평등은 아니다. 또 양성은 평등하게 취급되어야 하지만 신체적 특성을 무시하고 여자도 군대를 가야 한다거나, 모든 직장에서 남녀 비율을 5 대 5로 맞추어야 한다고 할 수는 없다.

이럴 땐 어느 기본권이 적용되나

시대를 바꾸어 앞의 독립투사 이야기가 오늘 대한민국에서 벌어진 일이라고 해보자. 어떤 사람이 연행되어 경찰서 유치장에 갇혔다. 그러나 자신은 죄가 없다고 한다. 이때 이 사람은 어떤 기본권을 주장할 수 있을까? 우선 신체의 자유가 제한되고 있다. 또 직장에 가지 못하는 상황이니 재산권이나 직업의 자유도 제한되고 있고, 신앙의 자유와 행복추구권도 제한되고 있다. 갇혀 있는 시간이 길어지면 거의 모든 기본권이 제한된다. 이렇게 여러 가지 기본권을 동시에 주장할 수 있는 상황을 기본권의 경합이라고 부른다. 일반적으로는 그중 상황에 가장 적합하고 따라서 가장 강력하게 주장할 수 있는 기본권을 주장하게 된다. 위 상황에서는 신체의 자유가 해당된다.

그런데 기본권을 적용할 때 가장 일반적인 상황은 두 개 이상의 기본권이 서로 충돌하는 경우이다. 한 사람의 어떤 기본권을 보장하면 다른 기본권을 제한하게 되는 경우가 있으며, 또 한 사람의 기본권을 보장하면 다른 사람의 기본권을 제한하게 되는 경우도 있다. 예컨대 앞의 경우에서 영업허가를 하면서 시설기준을 충족하라고 하면 그 사람의 직업의 자유를 보장하지만 재산권은 제한하게 되는 것이다. 뒤의 경우는 어떤 사람들의 도로점거 집회를 허용하게 되면 그 사람들의 집회 자유는 보장되지만, 그곳을 지나는 다른 사람들의 통행 자유를 제한하게 되는 것이다. 그런데 이럴 때 어느 기본권만을 보장하는 것으로 결론 내릴 수는 없다. 그렇게 하면 어느 기본권은 전혀 보장되지 않고 특정한 경우에 기본권의 박탈에 해당하므로 헌법이 추구하는 바가 아니다. 헌법 §37②은 "…… 제한하는 경우에도 자유와 권리의 본질적인 내용을 침해할 수 없다."라고 규정하고 있다. 민사법이나 행정법상 이익형량의 원칙이 기본권 분야에서는 그대로 적용되기 어려운 이유이다. 그러면 어떻게 할까? 서로 조화를 이룰 수 있어야 한다. 양쪽 모두 불만족스러울 수도 있겠지만 서로 양보하여 적절히 보장되어야 한다. 그럼 어디까지 보장되어야 하는가? 어려운 질문이다. 그래서 기본권과 헌법을 어렵다고 하는지도 모르겠다.

기본권은 무한정 보장되지 않는다

어떤 대학에서 50여 명의 학생들이 참석예정인 학술제를 준비하는데, 학교에서 행사비로 백만 원이 지원되었다고 해보자. 이 돈을 어떤 방법으로 써야 할까? 그 학술제에서 모두 써버리는 방안, 이미 준비는 다 되어 있으니 그 돈으로 불우이웃을 돕는 방안, 균등하게 2만 원씩 나눠 갖는 방안, 선후배가 섞여 있으므로 선배는 5만 원씩 주고 후배는 적게 가지는 방안, 반대로 후배를 더 주는 방안, 제비를 뽑아 한 사람에게 몰아주는 방안, 골치 아프니 아예 받지 않는 방안…… 그런데 가정을 달리해서 학생들이 서로 다시는 만날 일이 없다고 해 보자. 누구나 그 돈을 전부 가지고 싶어 하고, 따라서 당장 치고받고 싸우는 상황이 벌어질 가능성이 높다. 이러한 자연상태를 극복하기 위하여 법이 만들어졌다. 한정된 재화를 나누어 갖는 방식을 미리 정해서 매번 싸우는 것을 방지하도록 약속을 하게 되는데, 그 약속이 법이다. 기본권도 마찬가지다. 누구나 자신의 기본권이 최대한 보장되기를 원한다. 그러나 그렇게 될 수는 없다. 다른 사람이 자유로운 만큼 그 사람이 누리는 자유에 나의 자유는 줄어들게 마련이다. 현실적으로 기본권은 무한정 보장되지 않으며 적절한 범위 내에서만 보장된다. 우리 헌법은 기본권의 대강만을 규정하거나 극단적으로 이름만 언급하고 있다. 반면에 국가조직은 비교적 자세히 규정하였는데 이는 조직법의 특성이다. 예컨대 헌법 §14는 "모든 국민은 거주·이전의 자유를 가진다."라고 규정하고 있다. 그게 끝이다. 정말 대한민국 영토 안이면 아무 곳에나 가서 살 수 있다는 말인가? 남의 집에 못 들어가고, 군부대에 못 들어가고, 영업이 끝난 백화점에 들어갈 수 없고, 승차권 없으면 기차도 못 타고, 하다못해 노숙인들을 쫓는다고 밤에는 역대합실에도 못 들어가지 않는가. 더구나 대한민국 영토라고 규정된 한반도인 북한지역에 허가 없이 들어가면 국가보안법 위반이 된다. 결국, 거주·이전의 자유는 무제한이 아니며 일정한 한도 내에서만 보장된다. 헌법 §37②은 "국민의 모든 자유와 권리는 국가안전보장·질서유지 또는 공공복리를 위하여 필요한 때에만 법률로써 제한할 수 있으며……"라고 하였다.

그런데 이 조문을 평면적으로 이해하면 국회에서 법률로 얼마든지 국민의 기본권을 제한할 수 있는 것처럼 보인다. 하지만 그렇지는 않다. 그래서 "……제한하는 때도 자유와 권리의 본질적인 내용을 침해할 수 없다."라는 단서가 붙어있다. 국회가 입법자라고 해서 뭐든지 마음대로 정할 수 있는 것은 아니며, 국민의 이념과 의사를 확인하는 것이 입법이라고 이해해야 한다. 그래서 어떤 법철학자는 입법을 법의 제정이 아니라 법의 발견이라고 한다. 입법을 통한 기본권의 구체화는 동시에 기본권의 제한이 되는데, 이때 비례의 원칙(과잉입법금지의 원칙)에 따라 제한의 목적과 방법이 적정해야만 한다. 헌법재판소 위헌결정에서 가장 많이 등장하는 것이 비례의 원칙위반이다. 참고로 위에서 든 거주이전의 자유에 대하여 독일 기본법 §11①은 "모든 독일인은 전 연방영역에서 이전의 자유를 누린다.", §11②은 "이 권리는 충분한 생활근거가 없고 이로 말미암아 일반에게 특별한 부담을 지우는 경우나, 연방 또는 어떤 지방(支邦)의 존립이나 그 자유민주적 기본질서를 위협하는 위험을 방지하기 위하여, 전염병의 위험이나 자연재해 또는 특별히 중대한 사고를 극복하기 위하여, 소년을 방치로부터 보호하기 위하여, 또는 범죄행위의 예방을 위하여 필요한 경우 법률로써 또는 법률에 근거하여서만 제한될 수 있다."라고 하여 입법부가 마음대로 기본권을 제한할 수 없도록 구체적 범위와 기준을 제시하고 있다.

하늘이 준 자유, 그리고 자유권

천부인권, 하늘이 준 권리

근대 민주주의가 확립되는 과정에서 처음 주장되었던 인권은 현대사회에서는 자유권으로 분류된다. 생명이나 신체 또는 신앙의 자유나 재산권의 보장 등이 그런 것들이다. 그래서 자유권은 기본권 중에서 가장 역사가 길고, 자연권적인 성격을 가진다고 한다. 물론 자연권이라고 해도 실제 보장되기 위해서는 국가법 질서에서 구체화하고 보장절차가 마련되어야 한다.

우리 헌법이 자유권의 주체도 '모든 국민'이라고 하고 있지만, 외국인도 원칙적으로 주체가 된다. 다만 경제적 자유권은 일부 제한된다. 자유권은 소극적인 권리로, 국가권력을 비롯한 누군가가 방해하지 않고 그냥 내버려두면 보장된다. 우리 헌법이 '자유'라고 하고 있지만, 엄밀히 말하면 자연적인 자유의 영역 중에서 헌법에 따라 보호되는 영역이므로 '자유권'이 맞는 표현이다. 그런데 21세기인 현재 대한민국의 상황을 살펴보면 국가가 직접 국민을 괴롭히는 현상은 거의 사라지고 있다. 자유권이 처음 주장되던 절대왕정과는 시대가 바뀐 것이다. 따라서 기본권 논의도 사회권 중심으로 이루어진다. 자유권도 단순히 국가가 소극적으로 가만히 있는 것에 그치는 것이 아니라 적극 국민을 보호해야 한다고 강조한다. 예컨대 신체의 자유와 관련하여 국가가 불법적으로 국민을 감금하여 괴롭히는 사례는 거의 없지만, 범죄집단에 의한 납치와 감금, 유괴와 인신매매 같은 사건이 빈발하고 있다. 그런데도 국가가 직접 국민의 자유를 침해하지 않으므로 가만히 있으면 된다고 할 수는 없다. 국가는 국민의 신체의 자유가 실질적으로 보장받도록 입법적·행정적 노력을 해야 한다.

살아 있어야 뭐라도 하지

사람이 살아 있어야 기본권이 의미가 있다는 것은 너무나 당연하다. 그런데도 우리 헌법에는 생명권 규정이 없다. 하긴 규정이 없는 것이 한둘이 아니다. 면피용으로 헌법 §37①이 열거되지 아니한 자유와 권리도 경시되지 않는다고 했다는 점은 앞에서 보았다. 그러나 아직 기본권의 성격을 획득하지 못했다고 보이는 초상권·일조권·조망권·휴식권 등과는 달리 생명권은 너무나 중요하므로 의미가 다르다. 헌법제정과정에서 빠뜨렸을 가능성이 많지만, 모든 기본권에 전제되어 있기 때문에 별도로 규정하지 않았다고 해석한다.

생명권의 내용은 생명에 대한 사회적·법적 평가를 허용하지 않는다는 것이다. 생명권은 좀 특이한 기본권인데, 기본권 제한이 있을 수 없고, 보장 또는 박탈만 있다. 사형제도만 하더라도 어떻게 이해해야 할지 난감하다. 헌법 자체에 사형이라는 말이 나오는데, 비상계엄하의 군사재판은 사형을 선고한 경우에는 단심으로 할 수 없다고 한 것이 그것이다(§110④). 헌법재판소는 사형이 비례의 원칙에 따라 최소한 동등한 가치가 있는 다른 생명이나 그에 못지않은 공공의 이익을 보호하기 위한 불가피성이 충족되는 예외적인 경우에만 적용되는 한, 생명권을 박탈해도 기본권의 본질적 내용을 침해하는 것은 아니라고 하였다(헌재 1996.11.28, 95헌바1). 다음 사례를 보자. 2011년 7월 22일 노르웨이. 무슬림을 증오하고 다문화를 배격해 온 극우주의자 아네르스 베링 브레이비크의 정부청사에 대한 폭탄 테러와 이민자에게 관대한 정책을 펴온 집권 노동당 청소년캠프 행사장에서의 총기 난사로 77명이 사망하였다. 그런데 노르웨이는 사형과 무기징역이 없어서 그가 받을 최고형은 21년 징역이라고 한다. 사건 당시 32세의 그는 모범수로 인한 가석방을 고려하지 않는다면 50대 초반에 사회에 복귀한다. 사형제도가 없는 것이 과연 바람직한가? 그 밖에도 논란이 되고 있는 생명권 문제는 존엄사와 낙태, 인간복제나 줄기세포 연구, 뇌사인정과 장기이식 등이 있다.

이런 문제들 이외에도 중요하다고 여기지만 규정이 없는 것으로 신체불훼손권도 있다. 이는 신체를 다치거나 이 때문에 고통을 당하지 않을 권리인데, 신체활동의 임의성을 뜻하는 신체의 자유와는 구분된다. 우리 헌법은 단순히 신체의 자유만 규정하고 있다. 헌법 §12① 전단의 "모든 국민은 신체의 자유를 가진다."라는 규정을 비롯하여 §13(소급처벌금지), §27(재판청구권), §30(범죄피해자 국가구조청구권) 등에도 관련 규정이 있다. §12와 §13는 두 개의 조문이지만 다른 기본권이 기본권의 제목 정도만 규정한 것과 달리 각각 7개와 3개의 항을 두었다. 제목만 들어보면, 죄형법정주의, 형벌불소급의 원칙, 일사부재리의 원칙, 연좌제의 금지, 형사피고인의 무죄추정원칙, 적법절차의 보장, 고문의 금지, 형사상 불리한 진술거부권, 영장제도, 체포·구속 시 이유와 권리를 고지 받을 권리, 변호인의 조력을 받을 권리, 구속적부심사제도, 자백의 증거능력 및 증명력의 제한 등이다. 자세한 설명은 생략할 수밖에 없다. 단지 지면의 부족 때문이 아니라, 이런 자세한 내용은 헌법에서 다룰 문제가 아니고 형법과 형사소송법에서 다뤄져야 하기 때문이다. 실제로 이들 대부분이 형법과 형사소송법에 동일한 문구로 다시 규정되어 있다. 독일 기본법이 생명권·신체불훼손권 그리고 신체의 자유를 가진다고만 하고 있는 것과 비교된다.

그런데 헌법이 신체의 자유에 대해 왜 이런 장황한 규정들을 가지게 되었을까? 그것은 역사적으로 우리나라에서 신체의 자유가 잘 보장이 되지 않았다는 사실의 반증이다. 남북 이산가족에 대한 사실상의 연좌제, 대공문제와 반정부활동의 혼동으로 말미암은 재야세력에 대한 탄압 등을 경험한 것이 오래전 일이 아니다. 그래서 신체의 자유에 대한 독일과 미국의 선진 제도들이 하나둘씩 우리 헌법에 들어와 자리 잡은 것이다. 그런데 헌법에 규정한다고 잘 보장될까? 상위법이 더 효력이 있다고 해서 상위법에 규정하면 더 강력한 효력을 갖게 되리라는 희망은 법학적으로는 타당하지 않다. 왜냐하면, 법이 적용될 때는 하위법이 먼저 적용되는 것이며 상위법은 하위법의 근거를 나타내거나 입법 공백을 메울 때만 동원되기 때문이다. 법이 잘 지켜지느냐 아니냐의 문제는 규정의 형식과 단계가 아니라, 그 법을 운용하는 국가기관과 이를 감시하는 국민의 수준에 달려 있다.

나 홀로 내 마음대로

나만의 영역을 보장받기 위한 자유권들이 있다. 보통 사회적 자유권이라고 하는데 편의상 붙인 제목이다. 앞에서 신체의 자유는 형법과 형사소송법에서 구체화한다고 했는데, 사회적 자유권들은 대개 행정법의 영역이거나 민법의 영역이다.

우선 거주·이전의 자유가 있다. 신체의 자유가 신체활동의 임의성을 보장한다고 할 때, 자기가 원하는 곳으로 옮겨갈 수 있고 거기서 살 수 있다는 의미의 거주·이전의 자유와 개념이 중복되는 것처럼 보인다. 하지만 역사적으로 신체의 자유는 국가권력, 특히 수사권으로부터 부당하게 침해되지 않을 권리로 거주·이전 자유는 입지적 관점에서 생활형성권을 보장해 주기 위해서 만들어졌다. 거주이전의 자유는 주로 경제적 활동과 관련이 있으므로 외국인에게는 일부 제한된다. 거주·이전의 자유는 국내뿐 아니라 국외를 포함하지만, 상대적으로 그 나라에서는 우리나라 사람이 외국인이므로 차별이 존재한다. 국적변경의 자유도 포함되며, 정치적 박해를 피하여 다른 나라로 이주하는 망명권도 제한된 범위 내에서 인정된다.

다음으로 헌법 §17는 "모든 국민은 사생활의 비밀과 자유를 침해받지 아니한다."라고 하였다. 또 §16는 "모든 국민은 주거의 자유를 침해받지 아니한다. 주거에 대한 압수나 수색을 할 때에는 검사의 신청에 따라 법관이 발부한 영장을 제시하여야 한다.", §18는 "모든 국민은 통신의 비밀을 침해받지 아니한다."라고 하였다. 이 세 기본권은 모두 사생활의 비밀과 자유인 사생활보호권이다. 현대 정보화시대에서 중요시되는 기본권으로, 사생활의 자유로운 형성과 전개를 방해받지 않을 권리를 말한다. 주거의 자유(§16)는 사생활의 보호를 위해서 그 공간 자체를 보호하며, 통신의 자유(§18)는 사생활의 보호를 위해서 그 의사전달 수단을 보호한다. 다만, 총론적인 규정인 §17가 중간에 끼어 있어 조문의 위치가 부자연스럽다.

다 먹고살자고 하는 일

먹고사는 문제와 직접 관련되는 것은 사회권인데, 자유권 중에서 이와 관련된 것으로는 직업의 자유와 재산권의 보장이 있다. 헌법 §15는 국민 스스로 생활의 기본적 수요를 맞출 수 있도록 직업의 자유를 보장하고 있다. 직업의 자유는 국민이 원하는 직업을 선택할 수 있는 자유, 원하는 직업을 가지려고 필요한 전문지식을 습득할 직업교육장소를 선택할 수 있는 자유, 선택한 직업을 행사하기 위한 직장을 선택할 수 있는 자유, 직업을 수행할 자유 등을 그 내용으로 한다. 그럼에도 헌법은 "모든 국민은 직업선택의 자유를 가진다."라고 하여 직업 '선택'의 자유만 있는 것처럼 보인다. 이는 부정확한 표현이며 더 포괄적인 의미로 받아들여야 한다. 그러면 어떤 것이 직업으로 인정될까? 경제성(생활수단성)과 계속성이 있어야 직업이다. 여기에 덧붙여 공공무해성도 중요하다. 절도나 인신매매를 통하여 돈을 번다고 직업으로 보호할 수는 없기 때문이다. 직업의 자유는 재산권과 더불어 자유권 중에서 비교적 제한이 많은 기본권인데, 경제적으로 다른 사람의 이익과 충돌되는 측면이 많기 때문이다. 따라서 외국인은 직업의 자유에 상당한 제약이 따른다. 내국인이라 해도 운전면허가 없는 사람이 택시운전사가 될 수 없듯이 각종 자격에 따른 제한이 있고, 직업행사의 자유가 제한되는 경우도 많다. 예컨대 택시합승이 금지된다거나 유흥업소의 심야영업이 제한되거나 한국영화상영일수가 정해져 있는 경우 등이다. 가장 강한 제한은 개인과는 무관하게 사회경제적 고려 때문에 제한되는 경우인데, 학교 옆에 유흥업소가 허가되지 않는 경우를 들어볼 수 있다.

헌법은 또한 모든 국민의 경제활동을 통한 개선 신장과 자율적 생활터전 마련을 위하여 재산권을 보장하였다. 헌법 §23 ①은 "모든 국민의 재산권은 보장된다. 그 내용과 한계는 법률로 정한다."라고 하고 있어서 근대 초기의 제한 없는 재산권의 보장이 아니라, 사회적 제약도 강조함으로써 사회국가 원리를 표현하였다. 따라서 모든 국민은 지적재산권과 특허권을 포함한 모든 재산적 가치가 있는 권리를 보장받지만, 그 내용과 한계는 법률로 정해지며 재산권의 행사는 공공복리에 적합하여야 한다. 공익상 필요한 경우에는 보상(補償)을 전제로 재산권이 제한된다. 또한 헌법 §124는 "국가는 건전한 소비행위를 계도하고 생산품의 품질향상을 촉구하기 위한 소비자보호운동을 법률이 정하는 바에 의하여 보장한다."라고 하였다.

정신의 세계도 무제한이 아니다

헌법은 정신적 자유권으로 양심과 종교의 자유, 학문과 예술의 자유를 두었다. 경제적 자유권이나 사회권과 비교하면 비교적 제한이 적지만 그렇다고 절대적인 것은 아니다. 헌법은 §19에서 양심에 어긋나는 신념이나 행동을 강요당하지 않고 자신의 양심에 따라 행동할 수 있는 자유를 보장하였다. 물론 양심에 반하는 의무를 안 해도 된다는 것은 아니다. 예컨대 양심 (신앙)상의 이유로 병역을 거부할 수 있는가? 의무적으로 군대를 가야 하는 나라 중에서 양심상 집총병역거부를 법적으로 인정하고 대체복무를 과하는 나라도 많다. 독일, 대만, 네덜란드, 브라질 등이 그러하다. 미국은 모병제이므로 싫으면 안 가면 된다. 물론 미국도 전쟁 때는 의무병제로 전환되므로 그때마다 논란이 되곤 하였다. 우리 대법원과 헌법재판소는 양심상 집총병역거부를 인정하지 않았다(대판 2004.7.15, 2004도2965; 헌재 2004.8.26, 2002헌가1).

몇몇 판사가 한미 FTA 반대나 인터넷 방송 〈나는 꼼수다〉에 대한 개인적 의견을 SNS를 통하여 표출한 적이 있었다. 이 문제는 언론·출판의 자유와도 관련되지만, 여기서는 판사로서의 양심의 자유와 관련하여 살펴보자. 헌법 §103는 "법관은 헌법과 법률에 따라 그 양심에 따라 독립하여 심판한다."라고 하였고, §46②은 "국회의원은 국가이익을 우선하여 양심에 따라 직무를 행한다."라고 별도의 규정을 두었다. 여기의 양심은 직업적 양심이다. 전 대법관이었던 김황식 국무총리의 설명을 보자.

법관 나름대로 주관적 견해나 성향이 있지만 이를 밖으로 드러내서는 안 된다. 만약 이를 드러내 놓으면 당사자는 재판결과를 예단해 유불리를 따지게 되고 법원은 신뢰를 잃게 될 것이다. 법관은 자기 개인적 소신이 공동체적 객관적 양심에 어긋날 때 개인적 소신을 꺾고 객관적 양심에 따라 재판해야 한다. (중략) 헌법이 재판의 준거로 삼고 있는 '양심'도 사회적 상당성을 가진 객관적 양심을 말하는 것이다. 재판 대상이 되는 사건은 어떤 판사를 만나든 같은 결론이 나와야 한다. 판사에 따라 결론이 달라진다면 재판은 운수보기(?)가 될 것이고 당사자는 불안해질 것이며 법원은 신뢰를 잃을 것이다(총리실 facebook 2011.12.26. /「동아일보」, 2011.12.27, A3면).

마찬가지로 국회의원도 자신의 개인적 양심과 직업적 양심이 충돌하는 경우 직업적 양심에 따라야 한다. 이론적으로는 당연하지만 실제로 법관이나 국회의원이 직업적 양심에 충실히 따르는지는 의문이다.

한편 양심의 자유와 별도로 헌법 §20①에서 "모든 국민은 종교의 자유를 가진다."라고 하였다. 종교의 자유는 신앙의 자유와 신앙실행의 자유로 나뉜다. 내면적 영역에서 신앙의 자유는 제한되어서는 안 되지만 종교를 이유로 한 외부적 행위가 모두 보호되지는 않는다. 예컨대 종교적 이유로 미성년 자녀(당시 11세)의 수혈을 거부하여 숨지게 하였을 때 면책되지 않았다(대판 1980.9.24, 79도1387). 한편 헌법 §20②은 "국교는 인정되지 아니하며, 종교와 정치는 분리된다."라고 하였다. 국교란 국가적으로 한 종교만 인정하는 것이며, 정교분리의 원칙은 정치는 종교에 간여하지 않고 종교는 정치에 간여하지 않는다는 원칙이다. 우리나라는 비교적 다양한 종교 간에 평화적 공존을 이루고 있는 나라이다. 그러나 실제로는 크리스마스나 석가탄신일의 공휴일문제, 학교에서의 종교교육문제, 종교단체에 대한 조세감면이나 보조금문제, 종교단체의 정당설립문제 등 논란이 되는 부분이 있다.

다음으로 학문의 자유가 있다. 이는 진리탐구를 위한 모든 노력을 보호하는 것으로 연구의 방법이나 장소 등을 자유로이 정하는 학문연구의 자유, 연구결과를 발표할 자유, 학문기관의 자유 등이 인정된다. 1970~1980년대까지는 공산주의 등 이념 서적에 대한 통제가 사회 문제화된 적이 있다. 물론 당시에도 학문적 순수성이 인정되면 통제하지 않았다. 양심의 자유와도 관련되지만, 최근에도 군대 내 반입금지도서 논란이 있었다. 그러나 늘 그렇듯이 금서목록에 들어가면 호기심에 더 많은 사람이 온갖 편법을 통해서라도 보게 마련이다. 다음 문단에서 볼 외설서적도 마찬가지다. 그런 점에서 국가의 섣부른 개입은 오히려 제한하지 않은 것만 못한 것이 정신적 자유권들이다. 다만 연구의 자유에서는 새로운 상황이 생겼다. 전통적으로 연구의 자유는 무제한하고 그 결과를 발표하는 경우에만 제한되는 것으로 이해되었다. 그러나 최근 생명윤리와 관련하여 일부 생명공학의 연구들이 국가로부터 허가를 받아야 하는 경우가 생겨나고 있다. 예컨대 줄기세포나 복제인간에 대한 연구 등이다. 불치병의 치료를 위한 연구의 목적은 인정되지만, 그 과정에서 수많은 생명(또는 인간으로 발전할 수 있는 수정란)이 파기되어 인간의 존엄성을 해치기 때문이다. 또 다른 사례를 보자. 인간의 장기와 가장 유사한 동물이 돼지라고 한다. 그래서 돼지에게 인간의 유전자를 이식하거나 줄기세포에서 일부를 떼어 이식하여 키운 후에 인간에게 이식수술을 해주는 것이 연구되고 있다. 그렇다면 외형은 돼지이지만 대부분의 장기가 인간의 장기로 대체된 돼지는 과연 돼지인가 인간인가? 영화 〈아일랜드 (Island, 2005)〉에서처럼 복제인간을 관리하여 주인에게 장기를 이식해주는 일이 실현된다면 얼마나 끔찍할까? 이러한 우려에도 불구하고 생명공학을 차세대 성장동력으로 생각하는 각국은 어디까지 연구를 제한해야 할지 딜레마에 빠져있다.

예술이냐 외설이냐? 영화나 연극 포스터에서 많이 들어 본 구호다. 헌법은 §22①에서 "모든 국민은 학문과 예술의 자유를 가진다."라고 하였다. 학문은 객관성을 추구하고 따라서 논리적 설명이 가능한 데 비하여 예술은 주관적인 느낌을 표현할 뿐 객관성을 추구하거나 논리적 설명이 필요 없다는 점에서 구분된다. 예술의 자유는 인간의 미적 세계와 관련된 기본권으로 무엇이 예술이냐에 대한 정의는 일률적으로 내려질 수 없으며, 특히 국가권력이 이를 행하여서는 안 된다. 학문연구의 자유와 더불어 예술창작의 자유는 비교적 제한이 없는 분야이지만 그렇다고 무제한 한 것은 아니다. '예술이냐 외설이냐'의 기준은 그 순수성을 기준으로 한다. 오래된 판례 하나. 고야의 〈옷 벗은 마야〉 그림을 성냥갑에 넣어서 판매한 사건에서 대법원은 다음과 같은 판결을 내렸다.

······침대 위에 비스듬히 위를 보고 누워 있는 본 건 천연색

나체화 카드 사진이 비록 명화집에 실려 있는 그림이라 할지라도 이것을 예술·문학·교육 등 공공의 이익을 위하여 이용하는 것이 아니고 본 건과 같이 성냥갑 속에 넣어서 판매할 목적으로 그 카드 사진을 복사·제조하거나 시중에 판매하였고, 이러한 그림은 정상적인 성적 정서와 선량한 사회의 풍속을 해칠 가능성이 있으므로 이를 음화라고 본 원심판결은 정당하다.

(대판 1970.10.30, 70도1879)

여기서 한 가지 짚고 넘어갈 점은 학문의 자유나 예술 자유의 주체는 학자나 예술가에 국한되는 것이 아니며 일반 국민이라는 점이다. 학자나 예술가는 이러한 일반적인 학문과 예술의 자유를 누리는 외에 직업인으로서 보호된다. 예컨대 헌법 §22②에서 "저작자·발명가·과학기술자와 예술가의 권리는 법률로서 보호한다."라고 규정한 것이나 대학의 자치를 규정한 §31④ 등이 그것이다.

표현의 자유와 소통의 부재

정치권과 국민과의 소통의 부재문제가 끊임없이 제기되고 있다. 특히 새로운 매체의 발달에 따라가지 못하는 정치권, 서로 다른 가치관을 지닌 세대 간 소통의 문제가 많이 거론된다. 헌법은 국민의 의사소통을 위하여 언론·출판·집회·결사의 자유를 보장하고 있다. 학문과 예술의 자유가 발표나 전시의 자유를 포함한다면 언론의 자유는 정치적 의사표현을 말한다.

언론의 자유가 보장되어 있지 않으면 민주주의가 발달할 수 없으며 반대로 민주주의가 정착되어 있지 않다면 언론의 자유가 보장되지 않는다는 것이 역사적 교훈이다. 우리나라는 민주화가 미흡하던 1970~1980년대까지는 언론의 자유가 잘 보장되지 않았다. 예컨대 1974년 1월 8일 공포된 악명 높은 대통령의 긴급조치 제1호에는 헌법을 부정·반대·왜곡 또는 비방하는 일체의 행위를 금하고, 헌법의 개정 또는 폐지를 주장·발의·제안, 또는 청원하는 일체의 행위를 금하였을 뿐 아니라 이러한 금지행위를 권유·선동·선전하거나, '방송·보도·출판 기타 방법으로 이를 타인에게 알리는 일체의 언동'을 금하였다. 또이 조치를 위반하면 영장 없이 체포·구속되었다. 지금 생각하면 터무니없는 기본권 박탈이고 언론의 자유에 대한 말살이다. 1980년대에도 유명한 보도지침 사건이 있었다. 정부가 모든 방송과 신문에 보도지침을 내리고 이에 위반하면 처벌하는 식이었다. 당시에 유행하던 말로 '땡전 뉴스'라는 것이 있었다. 당시 대통령인 전두환 대통령의 동정을 모든 뉴스에서 가장 먼저 알리라는 것이 보도지침이었으므로 모든 공중파 방송에서 "9시를 알려 드리겠습니다. …… 띠띠띠 '땡, 전'두환 대통령은……" 이라고 뉴스가 시작되므로 '땡전 뉴스'라고 했다. 하지만 이제는 어느 나라 못지않은 언론의 자유를 누리고 있다고 생각된다. 오히려 최근에는 언론에 의한 폐해로 언론의 막강한 힘(권력이라고 하면 정치권력과 혼동된다)에 의한 개인의 피해나 여론의 왜곡, 특히 정치적 의사의 왜곡이 논의된다.

언론·출판의 자유란 자신의 의사를 표현·전달하고 의사형성에 필요한 정보를 수집하고 객관적 사실을 전파할 자유를 말한다. 구체적으로는 의사표현의 자유, 정보의 자유, 보도의 자유, 접근권(Access, 언론매체 접근이용권) 등이 있다. 여기서 언론이란 담화·연설·방송·방영 등 구두(口頭)에 의한 의사표현, 출판이란 도서·문서·사진·조각 등 상형(象形)에 의한 의사표현을 말한다. 한편 언론·출판의 자유가 개인적 의사표현의 자유라면 집회·결사의 자유는 집단적인 의사표현의 자유이다. 집회는 많은 사람이 공동목적을 위하여 일정한 장소에서 일시적 회합을 하는 행위를 말하며, 결사는 계속적 조직을 의미한다.

논란이 된 야간옥외집회에 대하여 알아보자. 기존의 집회 및 시위에 관한 법률은 '해가 뜨기 전과 해가 진 후'의 옥외집회를 금지하였다. 그러나 헌법재판소는 이에 헌법불합치결정을 하였다(헌재 2009.9.24, 2008헌가25). 그런데 여야 간의 대립으로 시한인 2010년 6월 30일을 넘도록 개정하지 못하여 이 규정은 효력이 상실된 채 방치되어 있다. 물론 헌법재판소가 야간옥외집회를 전면적으로 허용한 것은 아니다. 기존 규정은 야간옥외집회를 허가제처럼 규정하였고, 낮이 짧은 겨울철 평일은 직장인이나 학생은 사실상 집회를 주최하거나 참가할 수 없게 되므로 합리적으로 제한하라는 의미일 뿐이다.

삶의 질과 사회권

사회권이란 무엇인가

사회권이란 국민이 인간다운 생활을 할 수 있도록 생활 제반(諸般)에 필요한 조건의 형성을 국가에 요구할 수 있는 권리를 말한다. 생존권 또는 사회적 기본권이라고도 한다. 우리 헌법은 교육을 받을 권리(§31), 근로의 권리(§32), 근로자의 근로3권(§33), 인간다운 생활을 할 권리(§34), 환경권(§35), 혼인·가족생활 및 보건권(§36) 등을 규정하였다. 그런데 이 중 일반적·원칙적 규정이 §34①의 인간다운 생활을 할 권리인데 편재상 중간에 끼어 있어 조문의 위치가 부적절하다.

사회권이 실질적으로 보장되려면 재정적 뒷받침이 필요하다.

그런데 사회권이 처음으로 헌법에 나타난 바이마르 헌법은 당시 독일의 제1차 세계대전 패전으로 말미암아 재정이 파탄된 상태였기 때문에 사회권이 보장되기 어려웠다. 그래서 사회권의 성격을 프로그램규정(입법방침)이라고 하였다. 즉 입법 때의 방침일 뿐 구체적 입법이 없으면 별 강제력이 없다는 의미이다. 마치 연극 프로그램에서 연극의 시간과 장소, 배우 등이 정해져 있지만, 배우가 갑자기 사고를 당해서 연극이 진행되기 어려운 사정이 생겼다면 부득이 연극이 취소되거나 다른 배우로 대체되는 것과 같다. 그래서 본(Bonn)기본법(1949)에서는 기본권을 모두 삭제하고 사회국가라는 원칙만 선언하였다. 우리는 개별 사회권규정을 그대로 가지고 있지만 프로그램규정이 아니라 법적·구체적 권리라고 해석한다. 그래도 자유권이 헌법 규정만 가지고도 보장된다면, 사회권은 법률로 구체화되어야 실질적으로 보장될 수 있다.

인간다운 생활과 사회보장제도

'인간의 존엄과 가치'와 '인간다운 생활을 할 권리'는 어떻게 다른가? 사전적 의미로만 보면 같은 의미로 이해될 수도 있겠다. 그러나 우리 헌법 체계상 인간의 존엄과 가치는 기본권 전체의 총론적 규정으로서 기본권에서 나아가 헌법 전체의 구성 원리인 데 비하여, 인간다운 생활을 할 권리는 사회권의 총론적 규정이다. 국가는 인간다운 생활을 보장하기 위하여 최소한의 물질적·문화적 생활을 보장하여야 한다. 구체적으로 인간다운 생활은 헌법 §34②에 규정된 사회보장과 사회복지를 비롯한 다양한 사회권들, 그리고 §119②의 경제에 관한 규제와 조정을 통하여 이루어진다.

사회보장과 사회복지는 어떻게 구분될까? 일반적으로 사회보장이란 모든 국민의 인간다운 생활과 최소한의 문화적 생활을 보장하는 것이며, 사회복지는 일반 국민이 아니라 일부 계층에 대한 보호를 의미한다. 사회보장은 사회보험과 공적부조로 이루어진다. 사회보험이란 국민의 사망, 사고, 질병, 재해 등에 대비하여 일정한 보험료를 납부하고, 보험사고가 발생하였을 때 보험급여를 받는 제도이다. 사회보험은 강제가입과 능력부담의 원칙이 적용된다는 점에서 가입이 자유롭고 보험사고율에 따라 보험료가 달라지는 상업보험과 구별된다. 사회보험의 근거 법률에는 국민건강보험법·국민연금법·실업보험법·공무원연금법·군인연금법 등이 있다. 한편 공적부조란 국가가 모든 재원을 부담하여 생활무능력자의 인간다운 생활을 보장해주는 제도이다. 사회보험과 비슷하지만, 그 보험료를 국가가 지급해 준다고 생각하면 된다. 국민기초생활보장법·의료급여법 등이 있다. 헌법 §34⑤은 "신체장애인 및 질병·노령 기타의 사유로 생활능력이 없는 국민은 법률이 정하는 바에 의하여 국가의 보호를 받는다."라고 하여 생활무능력자의 생활보장청구권을 규정하였다.

사회복지는 일부 특수계층, 예컨대 모성·아동·노령·심신장

애자·윤락여성 등의 건강유지와 빈곤해소 등을 위하여 국가가 보호해 주는 제도이다. 사회복지사업법·아동복지법·모부자복지법·노인복지법·장애인복지법, 성매매방지 및 피해자보호 등에 관한 법률, 교통약자의 이동편의 증진법, 중증장애인생산품 우선구매 특별법 등이 있다. 우리 헌법 §34③은 "국가는 여자의 복지와 권익의 향상을 위하여 노력하여야 한다." 그리고 §34④은 "국가는 노인과 청소년의 복지향상을 위한 정책을 실시할 의무를 진다."라고 하였다. 또 §34⑥은 "국가는 재해를 예방하고 그 위험으로부터 국민을 보호하기 위하여 노력하여야 한다."라고 하였다.

그런데 우리 헌법의 사회권 규정들 대부분은 "국가는 …… 노력하여야 한다."라고 규정하여 법적으로 불분명한 용어를 사용하고 있다. 극단적으로 말해 노력은 하였으나 별로 결과가 없다고 하면 그만이다. 따라서 "국가는 …… 하여야 한다."라고 규정해야 하며, 국가는 이에 대하여 책임을 져야 한다.

오바마도 인정한 우리의 교육열

오바마 미국 대통령이 몇 번이나 우리나라 교육을 본받자고 해서 화제가 된 적이 있다. 그러나 그것은 학생과 학부모의 교육열을 본받자는 취지이지 우리의 교육제도를 본받자는 의미는 아닐 것이다. 어쨌든 사회권 중에서 핵심적인 것이 교육을 받을 권리가 아닌가 한다. 현대는 계급사회가 아니지만 현실적으로 부유층과 빈곤층은 있게 마련이다. 다만 근대 이전과 차이가 있다면 개인적 노력으로 그 계층이 바뀔 가능성이 얼마든지 있다는 점인데, 그 열쇠가 교육이다. 아무리 가난한 집 자식이라도 교육을 통하여 이른바 상류사회에 진입할 가능성이 열려 있는 것이 현대의 건전한 사회이다.

모든 국민은 능력에 따라 균등하게 교육을 받을 권리를 가진다(§31①). 학문연구의 기초를 위해서도 기본적인 교육이 필요한데, 여기서 말하는 교육은 다르다. 학문의 자유에서의 교육은 자유권적 측면에서 사적인 교육을 방해받지 않는다는 의미이다. 반면에 여기에서 교육은 사회권적 측면에서 공교육을 의미하며 국가에 대하여 교육의 기회균등을 적극 요청할 수 있다. 학교 교육이 대표적이며 그 밖에도 평생교육이나 사회교육도 국가의 책임이다(§31⑤). 교육의 기회는 '능력에 따라' 주어지므로 공개경쟁시험을 통한 교육의 기회부여나 나이에 의한 입학제한 등은 합리적 차별이다.

한편 교육은 권리이자 의무인데, 의무교육은 모든 국민의 인간다운 생활과 문화국가의 건설에 수반되는 의무이다. 헌법 §31②은 '초등교육과 법률이 정하는 교육'을 의무교육으로 규정하였고, 교육기본법에 따르면 6년의 초등교육과 3년의 중등교육이 의무이다. 의무교육의 핵심 내용은 무상교육이다. 학교에 다니는 데 필요한 필수경비는 국가가 부담한다는 것인데, 급식을 무상으로 해야 할 것인지에 대해서는 논란의 여지가 있음을 앞에서 설명하였다.

국민의 4대 의무로는 전통적인 납세와 국방의 의무 외에 교육의 의무와 근로의 의무가 있으며, 최근에는 환경보전의 의무도 강조되고 있다. 현대적 특징은 국가의 주인으로서 적극적인 의미가 있으며, 권리와 의무로서의 두 가지 측면이 모두 강조된다는 점이다.

청년백수 시대와 근로의 권리

이태백…… 이십 대 태반이 백수라나? 우리의 실업률은 3.4퍼센트로 OECD국가 중 최저이지만(2011년 기준), 구직단념자와 취업준비자를 포함한 체감실업률은 11.3퍼센트라고 한다(현대경제연구원, 동아일보 2012년 1월 20일 자). 이와 관련하여 근로의 권리가 있다. 직업의 자유는 자유권으로 어떤 직업을 선택하여 활동하는 것을 합리적 이유 없이 제한해서는 안 된다는 방해배제청구권인 데 비하여, 근로의 권리는 근로의 기회를 제공해 달라고 국가에 요청할 수 있는 사회권이다. 우리 헌법 §32①은 "모든 국민은 근로의 권리를 가진다."라고만 규정했다. 바이마르 헌법 §163②은 "국가는 국민에게 근로의 기회를 부여해야 하며, 그렇지 않으면 생계비를 지급해야 한다."라고 하였다. 우리도 미흡하나마 고용보험법에 따라 제한된 범위에서 생계비가 지급되고 있다.

국가는 사회·경제적 방법에 따라 근로의 기회를 창출하여 국민에게 제공하여야 한다. 국가는 최저임금제를 시행하여야 하며, 근로조건의 기준은 인간의 존엄성을 보장하도록 법률로 정해야 한다. 여자나 연소자는 근로관계에서 특별한 보호를 받아야 하며, 국가유공자·상이군경 및 전몰군경의 유가족은 우선으로 근로의 기회를 부여받는다. 그런데 근로조건에서 가장 중요한 것은 무엇일까? 크게 보면 임금과 근로시간이다. 근로자로서는 월급은 많이 받고 적게 일하는 것이 가장 좋을 것이고 사용자는 정반대일 것이다. 국가는 최저임금법을 통하여 그 이상을 지급하도록 강제하고 있다. 최저임금이 너무 낮으면 별 의미가 없고, 반대로 너무 높으면 영세한 기업들은 파산하게 되어 결국 거기서 일하는 근로자는 일자리를 잃게 된다. 따라서 여러 가지 요소를 고려하여 최저임금심의위원회에서 매년 결정한다. 한편 근로시간은 최고 수준을 정하고 그 이하로 근로하도록 강제한다. 근로기준법에 따르면 하루 8시간씩, 일주일에 40시간을 상한선으로 하되 노사 간의 합의로 12시간까지 연장할 수 있다. 연장근무에는 50퍼센트의 임금을 더 준다. 국제노동기구(ILO) 통계를 보면 우리나라 사람들은 주당 43.4시간 일하는데 이는 조사대상 75개국 중 7위에 해당한다.

한 명의 근로자는 약하지만

근로의 권리는 원칙적으로 국가를 상대로 하는 기본권인데, 실제 근로관계에서 더욱 중요한 것은 근로자와 사용자(기업주)의 관계다. 원칙적으로 근로계약도 계약이므로 사용자와 근로자는 자유로이 계약하면 된다. 그런데 대기업 입사희망자를 생각해 보자. 대기업이 이전보다 절반의 연봉을 제시한다 해도 지원자가 미달하지는 않을 것이다. 심지어 임금을 30퍼센트 삭감한다거나 무임금으로 인턴사원을 모집하고 6개월 후 정식 채용한다고 하더라도 지원자가 폭주할 것이다. 형식적으로 평등한 사용자와 근로자의 관계가 실질적으로는 불평등할 수 있다. 이러한 문제를 해결하기 위한 것이 근로자의 근로삼권(단결권·단체교섭권·단체행동권)이다. 근로의 권리와 밀접한 관련이 있지만, 전혀 성격이 다르다. 다른 기본권들이 국가에 대하여 무엇을 요청하는 것이라면, 근로삼권은 사용자와 근로자의 관계 즉 사인(私人)과 사인(私人)의 문제를 다루고 있다. 물론 이때 국가가 부당하게 근로자의 단결권 등을 침해하지 않아야 할 뿐만 아니라 노사관계에서 근로자의 권리행사에서 실질적 조건을 형성하고 유지해야 할 적극적인 국가의 활동이 필요하다는 점에서 사회권으로 분류된다.

근로자와 노동자는 어떻게 다를까? 일반적으로 근로자는 정신적 근로를 포함하는 넓은 개념으로, 노동자는 육체노동을 하는 사람에 국한하여 지칭하는 경향이 있지만, 법적으로는 완전히 동의어이다. 근로자라 함은 직업의 종류를 불문하고 사업 및 사업장에서 임금을 목적으로 노무를 제공하는 자를 말한다(근로기준법 §14). 노동능력이 있고 이를 제공할 의사가 있으면 되므로 잠재적으로 노동력을 제공할 수 있는 자, 즉 실직 중인 자를 포함한다. 직업의 종류는 불문한다. 정신노동이든 육체

노동이든 사용자와 경제적 종속관계에 있는 자는 모두 근로자이다. 다만 노사관계에서 사용자를 위하는 사람은 사용자로 본다. 예컨대 월급사장이나 관리직은 사용자로 본다. 또 자신의 재산으로 생계를 유지하는 사람, 예컨대 소농, 영세어민, 소상공업자 등은 근로자가 아니다.

다른 기본권들이 모든 국민이 주체인 데 비하여 근로삼권은 근로자만이 주체가 된다. 그러면 사용자의 기본권은 없을까? 그렇지는 않다. 사용자는 근로삼권의 주체는 아니지만, 헌법상 재산권이나 직업의 자유에서 보호된다.

근로삼권은 단결권에서 출발한다. 즉, 근로자는 노동조합을 결성하여 사용자와 대등한 입장에서 근로조건에 관하여 교섭을 할 수 있다. 의사가 관철되지 않으면 단체행동권을 행사하여 실력행사를 할 수 있도록 하였다. 즉, 노사 간의 주장 불일치로 인하여 발생한 분쟁상태를 노동쟁의라고 하며, 이때 이루어지는 쟁의행위에는 파업, 태업 그리고 직장폐쇄 등이 있다. 이 중 사용자가 행하는 직장폐쇄는 회사를 폐업하는 것이 아니며 생산활동을 멈추고 직장에 출입을 금지하는 것을 말한다. 쟁의행위를 법에 특별히 정해 놓지 않았다면, 근로계약을 맺은 근로자가 근로를 제공하지 않으면 근로계약위반이 되거나 형법상 업무방해죄 등에 해당할 수 있다. 단체행동권에 대하여 형사·민사상 책임을 면제하고, 해고 등의 불리한 처우를 받지 않게 하는 것은 헌법상 재산권보다 근로삼권을 더욱 보호해 준다는 의미이다. 근로자 한 명은 약하지만 뭉치면 큰 힘을 발휘

하게 되는 것이다. 물론 폭력이나 파괴행위는 면책되지 않으며 법률상 절차를 지키지 않은 행위들은 불법파업이나 불법행위가 된다.

공무원이나 교원은 단체행동권이 인정되지 않는다. 단체행동권이 없는 근로삼권은 '단팥 빠진 찐빵'이라고 생각할 수 있으나, 공무원은 일반 사기업과는 의미가 다르다. 공무원은 파업을 하면 사용자 격인 국가나 지방자치단체가 손해인 것이 아니라 곧바로 국민이 불편해진다. 즉, 직무의 성질상 국민의 행정서비스 수급권이나 학습권이 공무원이나 교원의 근로삼권에 우선하는 것이다. 대부분의 선진국에서도 공무원의 파업권은 금지된다.

개발이냐 환경보전이냐

개발이 우선인가 아니면 환경보전이 우선인가? 각각 장단점이 있으므로 한마디로 말하기 어렵다. 예를 들어 새만금방조제의 건설과정을 보자. 새만금방조제는 수년에 걸친 사전 조사에 이어 1991년 착공하였다. 그러나 처음부터 개발이냐 환경보전이냐 하는 공사 찬반논란에 이어 공사에 반대하는 환경단체 및 지역주민이 2001년 8월에 '사업취소 소송'을 제기하였다. 오랜 심리 끝에 법원은 2005년 1월 17일에 공사 일시중단 및 재검토를 골자로 하는 조정권고안을 내놓았다. 정부와 전라북도가 이를 반대하자 이런 내용으로 강제조정(판결과 동일)이 이

어졌다. 이에 정부가 불복하여 항소하였고 2005년 12월 21
일 서울고등법원에서 환경단체가 패소하였다. 환경단체들이 상
고하였으나 대법원은 정부승소 판결을 내려서(대판 2006.3.16.
2006두330), 공사는 재개되었다. 이런 우여곡절 끝에 19년 만
인 2010년 4월 27일 마침내 준공되었다. 군산에서 부안을 잇
는 세계 최장 길이(33.9킬로미터)의 새만금방조제 공사가 마무리
되고 현재 간척지 개발이 진행되고 있다. 그 밖에도 시화방조제
와 고속철도, 4대강 살리기 사업 등이 사회적으로 논란을 빚은
바 있다.

헌법 §35①은 "모든 국민은 건강하고 쾌적한 환경에서 생활
할 권리를 가지며, 국가와 국민은 환경보전을 위하여 노력하여야
한다."라고 하였다. 이는 불결한 환경 때문에 건강을 훼손당하
지 아니할 기본권 또는 깨끗한 환경에서 건강하고 쾌적한 생활
을 영위할 수 있는 기본권이다. 그런 점에서 자유권과 사회권적
측면이 모두 포함된다. 그뿐만 아니라 환경보전을 위한 의무의
주체로서 국가와 모든 국민이 거명되고 있다.

<u>꼭</u> 있어야 할 참정권과 청구권

선거권은 권리인가 의무인가

옐리네크는 국민의 지위를 소극적·적극적, 능동적·수동적 지위로 나누면서 각각 자유권·생존권(사회권), 참정권·의무를 대응시키고 있다. 적절한 분류라고 할 수 있으나 20세기 이후 새로운 기본권들이 나타나 이러한 분류가 그대로 타당하지는 않게 되었다. 앞에서 살펴본 근로의 권리를 예를 들어보자. 근로(직업)의 자유는 자유권이지만, 국가에 근로의 기회를 요청하는 사회권도 되고, 또한 근로의 의무로서의 측면도 있다. 환경권도 마찬가지다.

어쨌든 옐리네크의 분류에 따를 때, 선거권과 피선거권(공무

담임권), 국민투표권 등의 참정권은 능동적인 기본권이다. 참정권은 국가 내적 권리로서 실정법상의 권리이기 때문에 그 주체는 국민일 수밖에 없고, 외국인은 제한이 불가피하다. 또한 그 성격상 일신전속적 권리로서 대리행사가 불가능하다.

참정권의 역사 중 보통선거가 확립된 시기는 그리 오래되지 않았다. 여성에게 선거권이 생겨 보통선거가 확립된 것이 미국은 1920년, 영국은 1928년, 일본은 1947년이다. 우리는 1948년에 곧바로 보통선거가 확립되었다. 현재는 나이에 의한 제한만이 인정된다. 그런데 여성에게 선거권을 인정하지 않았던 것은 정당한가? 19세기 유럽을 생각해 보자. 당시는 매스컴이 발달하지 않았고 여성이 사회활동을 별로 하지 않던 때이다. 이런 상황에서 여성에게 선거권을 부여하면 어떻게 될까? 후보자의 면면을 알 수 없으므로 남편의 판단에 의지할 가능성이 많다. 따라서 선거권이 없는 것이 더 합리적일 수 있다. 마찬가지로 학력이 높거나 세금을 많이 내면 2~3표를 행사하도록 한 차등선거도 나름대로 이유가 있다. 국민이 직접 최종 후보자 중에서 선택하지 않고 중간선거인(선거인단)을 뽑아 놓으면 그들이 최종 결정을 하도록 한 간접선거도 마찬가지다. 그러나 현대로 넘어오면서 매스컴이 발달하여 많은 정보를 접할 수 있고, 여성도 남성과 동등하게 사회활동을 하게 됨에 따라 보통·평등·직접선거로 발전한 것이다.

그런데 선거권은 단순한 권리인가? 아니면 의무인가? 단순한 권리라면 그 성격상 포기할 수 있는데, 모든 국민이 자신의 선거권을 포기하면 어떻게 될까? 국가가 조직되지 못하고 따라서 국가가 존립할 수 없다. 현실적인 가정을 해 보자. 최근 우리나라 재·보궐선거의 경우 10퍼센트 대의 투표율을 보이는 일도 있었다. 그런데 결선투표가 없으므로 보통 40퍼센트 정도의 득표율로 당선할 수 있다. 여기에 미성년자와 결격자를 뺀 유권자는 전체 인구의 70퍼센트 정도이다. 이를 계산해 보면 10(%)×40(%)×70(%)=2.8(%). 전체 선거구 인구의 2.8퍼센트의 지지를 받은 사람이 전체를 대표하게 되므로 문제가 아닐 수 없다. 그래서 선거권은 의무로서의 성격도 강조된다. 하지만 호주나 브라질 같은 일부 국가를 제외하고는 법적으로 강제하지 않는 윤리적 의무이다.

다른 기본권을 보장하기 위한 기본권

이제까지 살펴본 기본권들은 권리의 내용적인 측면을 규정한 것이다. 아무리 훌륭한 기본권이라고 해도 현실에서 100퍼센트 보장되지는 않는다. 따라서 기본권이 침해된 경우에 이를 바로잡는 절차가 필요한데 그것이 청구권이다. 이는 '다른 기본권의 보장'을 위하여 국가에 일정한 행위를 요청하는 기본권이다. 청원권(§26)·재판청구권(§27)·형사보상청구권(§28)·국가배상청구권(§29)·범죄피해자 국가구조청구권(§30) 등이 있다. 개략적으로 살펴보자.

먼저 청원권은 공권력과의 관계에서 일어나는 여러 가지 이해관계, 의견, 희망 등에 관하여 적법한 청원을 한 모든 국민에게 국가기관이 청원을 수리할 뿐만 아니라 이를 심사하여 청원자에게 그 처리결과를 통지하여 달라고 요구할 수 있는 권리이다. 청원의 결과에 국가기관이 구속되지는 않는다는 것이 특징이다. 판단결과에 강제성이 없으므로 법적인 중요성은 재판청구권에 뒤진다. 그러나 형식과 절차가 단순하므로 청원 외에도 진정, 탄원, 고발, 건의, 민원 등의 이름으로 많이 행사되고 있다.

다음으로 재판청구권이 있다. 권리의 보장과 침해된 권리의 회복을 위하여 가장 강력한 절차적 기본권이다. 재판청구권은 재판절차를 규율하는 법률과 재판에서 적용될 실체적 법률이 모두 합헌적이어야 한다는 의미에서 법률에 따른 재판을 받을 권리뿐만 아니라, 비밀재판을 배제하고 일반 국민의 감시하에서 심리와 판결을 받음으로써 공정한 재판을 받을 수 있는 권리를 포함한다.

헌법 §28는 형사보상청구권을 규정하고 있는데, 이는 부당하게 신체의 자유가 제한되었던 것에 대하여 국가가 보상해 줌으로써 기본권침해를 사후에 다소나마 회복해 주는 기본권이다. 형사피의자가 구금된 후 검사에 의하여 불기소처분을 받거나, 형사피고인이 구금되었다가 사후에 무죄판결을 받았을 때 법률에 따라 정당한 보상을 청구할 수 있다. 일일 약 17만 원이 상한선이다.

다음으로 국가배상청구권이 있는데, 공무원의 국민에 대한 책임을 담보하고 법치국가의 원리를 구현하는 청구권이다. 헌법 §29①은 "공무원의 직무상 불법행위로 손해를 받은 국민은 법률이 정하는 바에 의하여 국가 또는 공공단체에 정당한 배상을 청구할 수 있다. 이 경우 공무원 자신의 책임은 면제되지 아니한다."라고 규정하였다. 국가배상법 §5①은 이 밖에도 "도로·하천, 그 밖의 공공 영조물(營造物)의 설치나 관리에 하자(瑕疵)가 있기 때문에 타인에게 손해를 발생하게 하였을 때에는 국가나 지방자치단체는 그 손해를 배상하여야 한다."라고 하여 공무원의 고의·과실이 인정되지 않을 때에도 폭넓게 배상받을 수 있는 경우를 규정하고 있다.

마지막으로 범죄피해자 구조청구권(§30)이 있다. 범죄피해자 국가구조청구권은 피해자의 법정진술권(§27⑤)과 더불어 범죄 피해자를 보호하기 위한 기본권이다. 이는 본인에게 책임이 없는 타인의 범죄행위로 생명을 잃거나 신체상 피해를 본 국민이나 그 유족이 가해자로부터 충분한 배상을 받지 못할 때에 국가가 일정한 보상을 해 주는 것이다. 범죄피해자는 민법이나 국가배상 또는 형사배상명령제도로써 손해배상을 받는 것이 가능하지만, 범인이 도주했거나 배상능력이 없는 경우에만 유효하다.

국가조직은 어떻게 만들어지나

국가조직과 선거

국가조직(통치구조)은 왜 필요한가? 국가는 계속적 조직을 갖추고 있다. 민주주의를 전제로 할 때 국가조직은 자기 목적적일 수 없으며, 국민의 기본권을 실현하기 위한 수단적 의미가 있어야 한다. 따라서 국가조직은 국민의 의사를 반영해야 한다(민주적 정당성). 이는 선거로 나타나는데, 헌법 §41①은 "국회는 국민의 보통·평등·직접·비밀선거에 의하여 선출된 국회의원으로 구성한다."라고 하였고, §67①은 "대통령은 국민의 보통·평등·직접·비밀선거에 의하여 선출한다."라고 하였다.

국회의원 선거는 소선거구제에 비례대표제가 가미된 형태이다. 소선거구제는 한 선거구에서 한 명을 뽑는 것인데, 양당제도의 확립에 도움이 된다. 소수의 지지를 여러 곳에서 받는 경우 전혀 당선자를 낼 수 없는 경우도 생긴다. 따라서 당선자를 내지 못한 표(사표, 死票)가 많이 생기는 것이 단점이다. 과반수 득표자가 없을 때 실시하는 결선투표제도는 채택하지 않았다. 다양한 비례대표선거 중 우리는 정당에 대한 투표를 별도로 계산하여 그 득표율에 따라 의석을 배분하는 방식이다. 각계의 전문가를 의회에 진출시킬 수 있지만 지역구 유권자와의 관계가 긴밀하지 않다는 것이 단점으로 지적된다.

한편 유신헌법과 5공헌법하에서처럼 두 명을 뽑는 것은 어떨까? 다른 나라에 유례가 별로 없다. 이때 한 정당에서 몇 명을 공천할 수 있을까? 대개 한 명밖에 못 한다. 자칫 같은 당후보끼리 공격하거나 표가 분산되어 모두 낙선할 수 있기 때문이다. 보통 여야가 동반하여 당선되므로 선거과열은 없지만, 과반수 정당이 성립되기 어렵다. 그래서 유신헌법하에서 대통령이 일괄 추천하여 통일주체국민회의에서 뽑는 국회의원(교섭단체명 유정회)과 5공헌법하에서 전국구 의원을 제1당에 몰아주는, 국민의 의사를 왜곡하는 제도가 있었던 것이다.

대통령 선거는 형식적으로는 결선투표제가 있다. 일반적으로 1, 2위 득표자에 대해 결선투표를 하지만, 헌법 §67②은 "최다득표자가 2인 이상인 때에는 국회의 재적의원 과반수가 출석한 공개회의에서 다수표를 얻은 자를 당선자로 한다."라고 하였다. 그런데 유권자가 4,000만 명에 이르는데 동점자가 나올 확률은 얼마나 될까? 0이라고 해도 과언이 아니다. 이런 우스꽝스러운 제도가 생긴 이유는 이렇다. 현행 헌법 개정 당시(1987) 여야 합의로 대통령직선제 개헌안이 마련되었다. 당시 사회적 화두는 '야권후보 단일화'였다. 이때 유력 후보자 4인이 거론되었는데, 민정당의 노태우와 야권의 김영삼·김대중·김종필 등이었다. 만약 보통의 결선투표가 있다면 제도적으로 야권후보가 단일화되므로 민정당에서 결사반대하여 채택되지 않았다. 결과적으로 노태우 후보가 36.6퍼센트의 역대 최저득표율로 당선되었다(김영삼 28.0퍼센트, 김대중 27.0퍼센트).

미국의 대통령 선거는 연방제의 전통에 따라 간선제다. 즉, 각 주에서 선거인단을 선출하는데 메인 주와 네브래스카 주를 제외하면 승리한 사람이 그 주에 배당된 선거인단을 모두 확보하게 된다(승자일괄득표제, Winner Takes All). 보통 매스컴에 보도되는 것은 그 선거인단의 선거로 11월 첫째 월요일 다음에 오는 화요일이다. 본 선거는 12월 둘째 수요일 다음에 오는 월요일이다. 보통 선거인단선거를 본 선거로 착각하는 것은 정당의 발달에 따라 선거인단 선거로 최종 결과를 알 수 있기 때문이다.

한편 국민투표는 국민이 입법이나 중요한 정책 등의 국가의 사를 직접 결정하는 직접민주정치에 해당한다. 헌법 §72는 "대통령은 필요하다고 인정할 때에는 외교·국방·통일 기타 국가안위에 관한 중요정책을 국민투표에 부칠 수 있다."라고 하였고, §130②은 "헌법개정안은 국회가 의결한 후 30일 이내에 국민투표에 부쳐······"라고 하였다. 1975년 2월 12일에 시행된 유신헌법, 박정희에 대한 신임투표가 있었고, 5차 개헌(1962) 이후 다섯 번의 헌법개정에서 국민투표가 시행되었다. 그러나 국민은 조직되어 있지 않고, 대부분은 의사가 형성되어 있지도 못하다. 전문적인 문제를 판단하는 데 부적합하고, 모든 사소한 문제까지 결정하려고 하지도 않는다. 또 헌법개정은 일괄해서 가부(可否)만 표시하도록 하는 등의 이유로 합리적인 결과를 도출해내는 제도로는 문제가 있다. 역대 헌법 중 가장 비민주적이라는 유신헌법(1972)도 국민투표에서 91.9퍼센트의 투표와 91.5퍼센트의 찬성을 얻었다는 점이 이를 단적으로 말해준다.

국민에게 물어보고 결정하는 것은 아니다

국민주권론이 일반화되면서 어떻게 구체적 질서를 형성할 것인가가 문제가 된다. 국민투표처럼 국민이 직접 모든 국가의사를 결정하는 것은 이론적으로는 정당성이 있으나 현실적으로는 불가능하다. 그래서 대의제가 생겨났다. 대의제란 대의기관의 결정을 국민의 결정으로 간주하고 그 법적 효과가 국민에게 미치는 것이다. 그 기관을 대의기관이라 하는데 우리의 경우는 국회와 대통령이다. 이때 국민은 대의기관 구성권과 통제권을 가지며, 대의기관은 국가의사결정권을 가진다. 통제권 중 가장 효과적인 것은 선거를 통한 통제이며, 정당을 통해서 평상시에도 국민의 의사를 반영할 수 있다.

국민과 대의기관은 위임자와 수임자의 관계이다. 이때의 위임은 민법상의 위임이 아니다. 대의기관은 국민의 경험적 의사가 아니라 추정적 의사에 따른다. 예컨대 세금을 올리거나 병역복무기간을 늘리는 법률이 필요하다고 할 때, 개인적으로 좋아하는 국민은 거의 없겠지만 국가나 국민 전체를 위해서는 법을 만들어야 한다. 이것을 무기속위임 또는 자유위임이라고 한다(반대개념은 기속위임 또는 강제위임). 즉, 대통령이나 국회의원이 국민의 뜻을 일일이 물어보고 결정하는 것은 아니다. 물론 국민을 무시해도 된다는 의미는 아니다. 대의기관의 결정이 정말 국가나 국민 전체를 위한 것인지는 다음 선거결과에 나타난다. 선거로 뽑아 놓고 국민의 뜻을 따르지 않는다고 불평하는 것은 무의미하다. 그러므로 국민은 개인적 이익이 아니라 국가와 국민 전체의 이익을 고민해서 선거해야 한다. 그것이 국가의 주인으로서 국민의 책임 있는 자세이다.

권력을 어떻게 배치할까

그렇다면 대통령에 대한 효과적인 통제는 무엇일까? 국민이 국가권력을 대의기관에 맡길 때 아무 제한이 없다면 군주국가와 다를 바 없다. 그래서 두 가지 제한이 주어지는데, 법에 따라서 통치하라는 것과 권력을 나누어서 여럿이 행사하게 하는 것이다. 이것이 법치국가원리와 권력분립이다.

권력분립이론은 권력이 독점되면 남용된다는 회의적 인간관에서 출발하였다. 권력이 남용되면 국민의 기본권이 침해되기 때문에 국가권력을 제한하고 완화하는 것이다. 이 말은 국가권력을 기능에 따라 나누어 서로 분리시켜 독립된 다른 기관에 맡김으로써 권력의 균형을 이루게 하고 상호 견제하게 하여 권력의 남용을 막는 것이다. 권력분립이론은 로크의 2권분립 이론과 몽테스키외의 3권분립 이론이 유명하다. 로크는 사법부를 정치적인 권력으로 보지 않고 강조하지 않았을 뿐이며, 몽테스키외는 오히려 사법부의 소극적인 독립성을 강조하고 있다. 무엇보다도 몽테스키외의 설명은 영국의 정부형태를 설명하는 과정에서 언급된 것이므로 사실상 같은 이론이라고 할 수 있다. 로크의 이론은 영국의 의원내각제에, 몽테스키외의 이론은 미국의 대통령제에 투영되어 있다. 오히려 인민주권론에 따라 권력분립을 부인하고 입법부 우위의 권력통합을 주장한 루소(J. J Rousseau, 1712~1778)의 이론이 특이한데 이는 옛 소련을 비롯한 공산국가의 정부형태에 반영되어 있다.

정부형태는 이러한 권력분립 이론에 따라 국가권력을 어떻게 배치하느냐의 문제이다. 의원내각제와 대통령제로 분류할 수 있다. 그 변형인 이원집정부제와 루소식의 회의제를 더 들기도 한다. 의원내각제와 대통령제의 가장 큰 차이점은 의회와 행정부 수반을 국민이 각각 선출하는지의 여부이다. 의원내각제는 국민이 의회를 구성해 놓으면 의회에서 수상을 선출하고 내각을 구성한다. 영국에서 시작되었고 유럽과 일본 등에 전파되었다. 의회와 내각은 상호 의존성이 있으며 내각불신임권과 의회해산권으로 서로 견제한다. 한편 대통령제는 대통령과 의회를 국민이 각각 선출하므로 상호 관련이 적은 편이다. 미국에서 시작되었고 남미와 아시아 등 신흥국에 주로 전파되었다. 의원내각제는 소수파의 의견도 개진될 가능성이 많다는 점에서 국민주권원리에 충실하지만, 위기관리능력이 약한 편이고 다수당의 횡포나 군소정당의 난립 시 정국이 불안정하다는 약점이 거론된다. 반면에 대통령제는 권력분립에 충실하고 위기관리능력이 뛰어나지만 소수파의 의견이 대통령에 의해 무시될 가능성이 있다는 단점이 있다. 그러나 이러한 도식적 장단점은 정당제의 발달에 따라 거의 차이가 없어졌으며, 장단점은 여러 가지 정치 문화적 요인에 따라 반대로 나타나기도 한다. 예컨대 위기관리 능력이 뛰어나다는 대통령제는 뒤집어 말하면 독재화의 가능성이 높다는 것이고, 다수당의 지지를 받는 의원내각제의 수상이 의회의 견제를 받는 대통령보다 위기관리 능력이 뛰어날 수도 있다.

이원집정부제는 독일의 바이마르공화국(1919)에서 비롯된 것이며, 현재는 프랑스가 대표적이다. 평상시는 의원내각제로, 위기 시에는 대통령제로 운영된다. 대통령은 국민이 직접 선출하고 수상은 의회의 동의로 대통령이 임명한다. 의원내각제와 대통령제의 장단점을 공유한다.

회의제는 의회에 전권이 주어지는 형태로 자유민주주의 체제하에서는 스위스가 유일하며 주로 공산국가에서 채택하고 있다. 위임의 성격이 자유위임이 아니라 강제위임으로 해석된다. 스위스는 의회에서 임명되는 일곱 명의 각료가 돌아가면서 일 년씩 대통령을 하고 있다. 대통령은 실권이 없고 매년 바뀐다.

정부형태를 이렇게 나누어 볼 때 제헌헌법 당시의 정부형태를 대통령제로 분류하는 것은 문제가 있다. 이승만의 주장이 받아들여져서 대통령이라고 했지만, 국회에서 선출되었으므로(당시 헌법 §53) 사실상 의원내각제이다. 또 1961년 5·16 이후 1962년 민정이양까지는 국가재건최고회의에 국가권력이 집중된 회의제 정부로 볼 수 있다. 잠시 존속했지만 4·19 이후의 제2공화국을 의원내각제로 보는 것도 문제가 있다. 당시의 대통령에게는 실질적 권한으로 볼 수 있는, 계엄선포에 대한 거부권(§64②), 정당해산제소에 대한 승인권(§13②), 헌법재판소 심판관 9인 중 3인 임명권(§83-4②), 국무총리지명권(§69) 등도 있었으므로 의원내각제의 명목상 국가원수라고 하기 어렵다. 오히려 이원집정부에 가깝다.

나머지 역대 정부형태는 대통령제로 분류되지만, 의원내각제가 가미되어 있고, 시대에 따라 조금씩 다르다. 현행 헌법은 비교적 순수한 대통령제에 가깝고, 3공 헌법과 가장 비슷하다.

정당을 통한 권력의 통합

권력구조에서 정당제도를 언급하지 않을 수 없다. 정당이라 함은 국민의 이익을 위하여 책임 있는 정치적 주장이나 정책을 추진하고 공직선거의 후보자를 추천 또는 지지함으로써 국민의 정치적 의사 형성에 참여함을 목적으로 하는 국민의 자발적 조직이다(정당법 §2). 정당은 정권획득을 목표로 하는데 헌법과 국가를 긍정하고, 그 체제 안에서 정권을 획득하여야 한다. 선거가 유일한 방법이며, 따라서 이익단체가 특정 대상만을 위해 활동하는 것과 달리 정당은 국민 전체의 이익을 추구해야 한다. 또한, 정당은 조직적이며 계속적으로 활동하는 단체이므로 강령·당헌을 가져야 하며, 선관위에 등록되어 있어야 한다.

정당은 국가와 사회의 중간영역에 있다고 보는 것이 일반적이다. 사회의 역동적인 변화를 수렴하여 국가조직에 전달하는 매개체 역할을 한다. 따라서 정당은 국가조직이 아니며 법률로 내부관계를 강제하면 그 본래의 역할을 하지 못하게 되므로 최대한 자율성이 보장된다. 역사적으로 정당은 환영받지 못하였는데, 국민의 의사를 왜곡시킨다고 보았기 때문이다. 그러나 20세기에 들어와서 정당이 불가피한 현상임을 깨닫고 헌법과 법률로 규율하기 시작하였다. 우리도 제2공화국 때 비로소 정당이 헌법에 등장한다. 참고로 자유당 창당 이전의 이승만은 '대한독립촉성회'라는 단체 소속이었다.

정당의 발전으로 이전의 권력분립이 변했다. 현재 우리나라의 권력지도를 살펴보자. 대통령이 소속된 집권당이 국회의 다수당이다. 대법원장과 헌법재판소장은 대통령이 국회의 동의를 얻어 임명한다. 그렇다면 행정부와 의회가 서로 견제할 이유가 없다. 이견이 있으면 집권당 내부에서 조율되기 마련이다. 따라서 삼권분립이라는 용어는 현대에 와서 타당하지 않다. 현대에는 집권당에 대한 야당의 견제, 사법부와 헌법재판제도, 사회단체 또는 여론 등으로 권력분립이 이루어진다.

헌법 §70는 "대통령의 임기는 5년으로 하며, 중임할 수 없다." 라고 하였다. 그렇다면 대통령은 어떻게 견제가 될까? 극단적으로 말하면 대통령은 한 번 하고 말 것이므로 마음대로 전횡을 해도 된다. 그러나 정당제 때문에 그럴 수 없다. 대통령 개인은 한 번 대통령직을 수행하면 그만이지만 그 소속 정당은 계속 존속해야 하기 때문이다. 대통령이 제대로 못 하면 그 정당은 다음 선거에서 권력과 멀어지므로 정당 내부에서 끊임없이 대통령을 단속해야 한다. 다만 이는 정당의 이념과 정책이 뚜렷하고 계속성이 있는 경우에만 타당하다. 우리의 현실은 그때그때 정당을 창당·해산·합당하며, 심지어 신생정당의 후보로 나와서 대통령에 당선되기도 한다. 결국 국민은 그 정당의 정책을 국가의 정책으로 채택하는 것이 아니라, 후보자의 말만 믿고 국가를 맡기는 모험을 하게 된다.

한편, 양당제와 다당제 중 어느 것이 좋을까? 대체로 양당제의 경우가 바람직한 형태다. 양당제는 선거의 결과가 곧바로 집권당을 결정하지만 다당제의 경우 선거결과로 여야관계가 만들어지는 것이 아니라 정당끼리 연합하여 연립정부를 구성하게 된다. 즉 국민의 의사보다는 정치인들의 막후협상이 정권담당자를 결정하므로 국민의 의사가 왜곡될 수 있다.

국회는 무엇을 하는 곳인가

국회에서 매일 싸움만 하는 이유

　의회제도란 민주적으로 공선(公選)된 합의기관에 의하여 다수결의 원리로 국가의 중요한 정책을 결정하고 입법하는 제도이다. 의회제도는 군주에 대한 견제세력으로 후에 시민계급이 참여함으로써 성립하였다. 17세기 이후, 영국에서는 블랙스톤(William Blackstone, 1723~1780) 등에 의해 이론적으로 정립되었고, 1689년 권리장전으로 확립되었다. 대륙에서는 가장 먼저 프랑스가 국민의 대표기관으로 의회를 채택하였다.

　의회제도의 성공을 위한 전제조건으로 선거과정의 공정, 정치과정의 공개, 정권교체 가능성 등을 들 수 있다. 국회와 대통령 중에서 국민의 의사를 잘 반영할 수 있는 곳은 어디일까? 우리의 경우 국회가 매일 싸움하는 모습만 보여서 국민의 불신을 사고 있지만, 이론적으로는 당연히 국회가 대통령보다 국민의 의사를 잘 반영할 수 있다. 대통령은 혼자서 결정하므로 의사결정 과정이 공개되지 않으며 다양한 의견을 반영하기 어렵다. 반면에 국회는 다수 국회의원이 모여서 결정하므로 결정과정이 공개된다. 물론 결국 하나의 결정을 하지만, 그 과정에서 다양한 반대의견이 표출되고 일부는 결정에 반영될 수 있다. 우리 국회에서 매번 여야의 극한 대립에 이어 야당의 의장석 점거와 몸싸움이 일어나고, 여당이 이른바 '날치기' 통과를 하게 되는 것은 민주적 결정방식인 다수결원리를 아직 체득하고 있지 못하기 때문이다. 다수결원리에서 가장 중요한 요소는 다수와 소수의 교체 가능성과 소수에 대한 배려인데, 정권교체를 몇 번이나 이룬 우리나라 국회에서 아직도 여당은 만년 여당인 척, 야당은 만년 야당인 척하는 이유를 모르겠다. 국회에서 다수결원리가 작동되지 않는 것은 국민이 무시당하는 것이다. 다수와 소수의 의석분포는 선거를 통하여 이루어진다. 그런데 여야 합의가 안 될 때, 야당의 물리력 동원과 여당의 변칙통과가 난무한다면 선거결과는 무의미하다. 여야 의석수가 5.5 대 4.5든 6 대 4든 또는 7 대 3이든 모두 동일한 결과가 되어버리므로 국민의 의사는 무시되고, 결국 국민은 국가의 주인이 아니게 된다. 다원화된 현대사회에서 어떤 문제에 대하여 타협과 합의를 이루기는 어렵다. 그러나 결정절차에는 미리 합의할 수 있고 그 절차를 거쳤다면 결과에 승복해야 한다. 이를 절차적 정의라고 한다. 복잡다단한 현대사회에서 어떻게 만장일치와 합의로 모든 문제를 처리할 수 있겠는가?

국회의원과 국회의 조직

국회에는 합의체의 수에 따라 양원제와 단원제가 있다. 제1차 개헌 때(1952) 양원제를 채택하였으나 구성되지 않았고, 제2공화국 때 민의원(하원, 임기 4년)과 참의원(상원, 임기 6년)을 별도로 구성한 적이 있으며, 그 밖에는 모두 단원제였다.

국회는 선거로 선출되는 299명의 국회의원으로 구성된다. 그런데 '국회의원 개인이 각자 헌법기관'이라고 하는 말은 부정확하다. 헌법기관은 헌법이 조직법이고 국가의사결정에 직접 참여하는 기관을 말하는데, 의원 개인은 법적인 결정을 할 수 없고, 기관인 국회가 하는 것이다. 따라서 의원은 헌법기관인 국회의 구성원일 뿐이다. 의원에게는 원활한 입법활동을 위하여 면책특권과 불체포특권이 인정된다. 면책특권(§45)은 국회의원이 국회 내에서 직무상 행한 발언·표결에 대하여 국회 외에서 책임지지 않는 것으로, 책임 자체의 면제이므로 퇴임 후에도 인정된다. 영국의 권리장전(1689)에서 집행부의 부당한 탄압방지를 위하여 규정된 것이다. 불체포특권(§44)은 국회의원이 회기 중 현행범인 경우를 제외하고는 국회의 동의 없이 체포·구금할 수 없다는 것으로 14세기 후반 영국에서 기원한 것이다. 특권의 인정은 회기 중에 한하며, 형사책임의 면제가 아니고 체포만 유예되며, 직무와는 관련이 없다. 같은 당 소속의 특정 의원을 보호하기 위하여 불필요한 임시회를 소집·요구하는 등 부작용이 나타나자 불체포특권의 포기나 제한이 논의되기도 하였다. 그러나 회기 후에 정확하게 법적 책임을 지는 것이 필요할 뿐 불체포특권 자체가 문제는 아니다.

국회의 조직을 살펴보자. 우선 국회의장 1인과 부의장 2인이 있다. 의장은 의사(議事)를 정리하고, 질서를 유지하며, 사무를 감독하며, 국회를 대표한다. 부의장은 의장을 보좌하고 직무를 대행한다. 국회 재적의원 과반수의 찬성으로 선출한다. 다음으로 위원회가 있다. 전문적 지식을 활용하고 시간과 경비의 절약을 위한 것으로 상임위원회와 특별위원회가 있다. 한편 원내교섭단체란 소속의원 20인 이상으로 구성되는 단체(국회법 §33)로 그 대표를 원내대표라고 한다. 국회는 합의제(회의제) 기관이므로 회의를 통해서만 의사결정을 할 수 있다. 회기란 국회가 활동할 수 있는 일정한 기간을 말하는데(§47) 매년 1회 9월 1일 개회하는 정기회(100일)와 대통령이나 국회재적의원 4분의 1 이상의 요구로 개회하는 임시회(30일)가 있다.

국회가 하는 일들

국회는 헌법상 국민의 대표기관의 지위, 입법기관의 지위, 국정의 통제·감시·비판기관의 지위를 가진다. 헌법 §40는 "입법권은 국회에 속한다."라고 하여 국회입법의 원칙을 선언하였다. 실질적 입법 중에서 헌법개정의 발의·의결권, 법률의 제정권, 조약의 체결·비준에 대한 동의권, 국회규칙제정권 등이 국회의 권한이다. 국회의 입법기능은 국가작용의 전문화로 말미암은 행정부의 역할증대로 그 중요성이 점차 줄어들고 있다. 대신 국정통제에 관한 권한들이 강조되고 있는데, 국정감사권과 국정조사권(§61)이 대표적이다. 또 재정작용은 원래 집행작용이지만 국민의 권리에 미치는 영향이 크므로 중요사항은 국회의 의결을 거치도록 하였다. 조세법률주의(§59)와 예산안 심의·확정권(§54①)이 있다.

그 밖에 다음과 같은 국정통제권이 있다. 물론 위에서 말한 입법권이 최대의 국정통제권임은 당연하다.

① 국무총리·국무위원의 국회출석요구권(§62①②)
② 국무총리·국무위원 해임건의권(§63)
③ 탄핵소추권(§65)
④ 대법원장·대법관(§104①②), 국무총리(§86①), 감사원장(§98②), 헌법재판소장(§111④) 등에 대한 임명동의권
⑤ 긴급재정·경제처분권과 긴급명령권의 승인권(§76③④)
⑥ 계엄해제 요구권(§77⑤)
⑦ 선전포고, 국군의 외국파견, 외국군대의 국내주류에 대한 동의권(§60②)
⑧ 일반사면에 대한 동의권(§79②)
⑨ 헌법재판소 재판관 3인(§111③)과 중앙선거관리위원회 위원 3인(§114②)에 대한 선출권

대통령과 정부가 하는 일

우리의 대통령제

우리나라 대통령제는 미국식을 기본으로 하되 의원내각제적인 요소도 일부 가미된 형태이다. 국회의 동의를 얻어 국무총리를 임명하는 것, 국회의원이 장관을 겸직할 수 있다거나 정부가 법률안 제출권을 가지는 것 등이 그런 요소이다.

대통령은 5년 단임제이다(§70). 단임제는 지난 헌법(1980)부터 규정되었는데, 당시 박정희 대통령의 장기집권에 대한 반발로 채택된 것이다. 대통령선거는 직선제(§67①)로 국민의 보통·평등·직접·비밀선거로 이루어진다. 선거구는 전국이다(공직선거법 §20). 피선거권은 국회의원 피선거권이 있고 선거일 현재 만 40

세 이상인 자(§67④)이다. 당선결정(§67②③)은 다수득표자를 당선자로 하는 단순다수대표제이다. 또한 선거일법정주의를 채택하여 임기만료 전 70일 이후 첫째 수요일(공직선거법 §34①)로 하였다. 대통령이 사망·자격상실 등으로 공석이 된 경우 60일 이내 선출(법 §35)하고 후임자의 임기는 새로이 개시(법 §14①)한다.

헌법 §66①은 "대통령은 국가의 원수이며, 외국에 대하여 국가를 대표한다."라고 하였다. 국가원수란 대외적으로 국가를 대표하고, 대내적으로 국민의 통일성·전체성을 대표할 자격을 가진 국가기관을 말한다. 조약 체결·비준권, 선전포고 및 강화권, 외교사절의 신임·접수·파견권(§73) 등이 있다.

또 국가보위자(수호자)로서의 권한으로 헌법 §66②은 "대통령은 국가의 독립, 영토의 보존, 국가의 계속성과 헌법을 수호할 책무를 진다."라고 하였고, §69는 "헌법을 준수하고 국가를 보위하여"라고 규정하였다. 위헌정당해산 제소권(§8④)과 긴급재정·경제처분권 및 긴급명령권(§76), 그리고 계엄선포권(§77) 등도 있다. 또한 국정조정자의 권한으로 헌법개정안 발의권(§128①)과 임시국회 소집요구권(§47①), 사면권(§79), 국회출석발언권(§81), 법률안 제출권(§52), 국민투표 부의권(§72) 등이 있다. 그밖에 국가기관 구성권자로서 대법원·헌법재판소·중앙선거관리위원회 등의 구성에 관여한다.

한편 헌법 §66④는 "행정권은 대통령을 수반으로 하는 정부에 속한다."라고 대통령의 행정부 수반의 지위를 규정하였다. 이때의 대통령은 입법·사법부와 같은 위상을 가진다. 여기에 행정의 최고책임자·지휘자로서의 지위가 속하는데, 그 권한과 책임 하에 행정의 최종적 결정을 하고 이에 대한 지휘·감독권을 가진다. 그리고 행정부 조직권자로서 국무총리·국무위원·장관 기타 공무원 임면권(§78)을 가지며 국무회의의 의장의 지위를 가진다.

대통령은 왕이 아니다

대통령과 조선 시대의 왕이 다른 점은 무엇일까? 누구의 권한이 더 막강한지 쉽게 말하기 어렵다. 일반적 생각과는 달리 조선 시대의 왕도 여러 가지 제약이 많았으며 특히 신권(臣權)이 강한 시기에는 할 수 있는 것이 별로 없었다. 우리가 폭군이라고 하는 연산군 정도가 아무 제약 없이 마음대로 할 수 있었다고 한다. 위에서 대통령의 다양한 권한을 살펴보았는데, 그렇다고 해도 대통령은 왕이 아니다. 선거와 임기가 있어서 그 권력에 시간적 한계가 있기 때문이다.

대통령이 권한행사를 못 하는 경우에는 어떻게 할까? 대통령이 사망하여 권한을 행사할 수 없는 일도 있지만, 법적으로 권한행사가 정지되는 일도 있는데 대통령에 대한 탄핵이 국회에서 의결되고 헌법재판소에서 최종 결정되기 전까지이다. 실제로 2004년 노무현 전 대통령의 사례가 있다. 즉, 대통령이 법적·사실적으로 없게 된 궐위(闕位), 신병·탄핵소추의결 등으로 직무를 수행할 수 없는 사고 시에 권한대행의 문제가 생긴다. 권한대행은 '국무총리 및 법률이 정한 국무위원의 순서'로 한다(§71). 국무총리가 제1순위라는 것은 국민이 직접 뽑는 미국의 부통령과는 달리 민주적 정당성에 문제가 있다. 제2순위는 정부조직법 §22에 따라 기획재정부장관, 교육과학기술부장관, 외교통상부장관, 통일부장관…… 의 순서이다.

헌법 §84는 "대통령은 내란 또는 외환의 죄를 범한 경우를 제외하고는 재직 중 형사상 소추를 받지 아니한다."라고 하였는데, 이는 대통령의 권위유지와 직무의 원활한 수행을 위한 것이다. 재직 중의 내란죄·외환죄의 처벌, 민사·행정상의 책임, 탄핵소추, 퇴임 후의 형사소추는 가능하다. 국회의원의 불체포특권과 비교된다.

한편 대통령은 법률안 재의요구권(§53②, 거부권)을 가진다. 이는 미국 연방헌법에서 유래된 것으로 입법과정에 불참하는 집행부의 이견 해소와 다수당의 횡포를 막기 위한 것이다. 의회로 돌려보내는 환부거부(direct veto)와 공포하지 않고 일정 기간 보류하여 폐기하는 보류거부(pocket veto)가 있다. 우리나라는 환부거부만 인정된다. 한편 국가의 비상사태를 극복하기 위하여 대통령에게 긴급재정경제처분권·긴급재정경제명령권, 긴급명령권(§76)이 주어져 있다.

정부에는 어떤 기관들이 있나

우리나라의 국무총리는 대통령제하에서는 예외적인 기구이다. 대통령이 국회의 동의를 얻어 임명(§86①)하며, 군인은 현역을 면한 후여야 한다(§86③).

　국무총리는 대통령의 권한대행자(§75)이며, 대통령의 보좌기관으로 대통령의 명(命)을 받아 행정 각부를 통괄한다(§86②). 또한 국무위원·장관의 임명 시 제청권이 있고(§87①, §94), 해임건의권이 있으며(§87③), 대통령의 행위에 부서(副署)하고(§82), 국무회의의 부의장이 된다(§88③).

　국무위원도 대통령제의 예외적 제도로 의원내각제의 내각과 미국 각부 장관의 중간형이다. 국무위원은 국무총리의 제청으로 대통령이 임명하는데(§87①), 그 수는 15~30인이다(§88②). 국무위원 중에서 국무총리의 제청으로 행정 각부 장관이 임명된다(§94). 국무위원은 국무회의 구성원이고, 대통령의 권한대행(§71), 부서권(§82), 국회출석·발언권(§62①) 등을 가진다. 국무회의는 헌법상 필수기관으로, 행정부의 최고정책 심의기관이며, 독립된 합의제기관이다. 대통령과 국무총리 및 국무위원으로 구성되며, 의장은 대통령이고 부의장은 국무총리이다(§88③). 헌법 §89조에 국무회의의 심의사항이 열거되어 있는데 대통령과 행정부의 중요한 사항이 망라되어 있다. 심의 결과는 대통령을 구속하지는 않으나 정치적 책임을 물을 수 있다. 그런 점에서 의원내각제의 내각과는 다르다.

　감사원에 대해 알아보자. 감사원은 헌법상 필수기관, 대통령 직속기관, 독립기관, 합의제기관이다. 소속은 대통령 직속으로 (§97) 행정부 내에 있으나, 실제 업무는 대통령도 관여하지 않고 독립성이 보장된다. 감사원은 원장을 포함한 5~11인의 감사위원으로 구성되나(§98①), 실제로는 7인의 감사위원회(감사원법 §7)와 사무처·감사교육원으로 구성된다. 임기는 원장·위원 모두 4년이며, 1차에 한하여 중임할 수 있다. 원장은 대통령이 국회동의를 얻어 임명하고(§98②), 위원은 원장의 제청으로 대통령이 임명한다(§98③). 감사원은 국가의 세입·세출을 결산하여 대통령과 차기 국회에 보고하며(§99), 국가 및 법률이 정하는 단체의 회계검사권이 있다(감사원법 §22, §23). 또한 행정기관 및 공무원의 직무 감찰권이 있다(법 §24). 이는 비위감찰권과 행정감찰권을 포함한다. 또한 규칙제정권(법 §52)이 있다.

한편 중앙선거관리위원회는 선거와 국민투표의 공정한 관리와 정당사무를 처리하는 정치적 중립기관이며, 헌법상 독립기관이다. 1960년 4·19를 불러온 3·15부정선거 당시는 선거관리위원회가 독립되어 있지 않았다. 중앙선거관리위원회는 대통령·국회·대법원장이 각각 3인씩 지명하는 9인의 위원으로 구성되고, 장(長)은 스스로 정한다(호선, 互選). 지방에는 특별시·광역시·도와 시군구, 선거구별로 선거관리위원회가 있다. 위원의 임기는 6년이다(§114②). 권한으로는 선거·국민투표관리권, 정당사무에 관한 규칙제정권, 정당사무관리, 정치자금법에 따른 정치자금의 배분, 내부규율에 관한 규칙제정권, 선거·국민투표 시 사무지시권(§115①) 등이 있다.

법원과 헌법재판소, 최후의 보루

그래도 믿을 곳은 법원뿐이다

법을 적용하는 것은 결국 국가이므로, 이에 대한 국가적 판단이 필요하다. 이런 국가의 공권적 판단을 재판이라 하고 그 재판작용을 사법(司法)이라고 한다. 즉, 재판은 당사자 사이의 법적 분쟁을 해결하기 위하여 법원이 법적으로 판단하는 것이다. 공정한 재판을 위해서 대립한 이해관계인의 주장을 듣는 절차를 밟는 것이 원칙인데 이를 소송(訴訟)이라고 한다. 법원의 권한에는 재판할 권한(§101①) 이외에 위헌법률심판 제청권(§107①), 위헌명령·규칙·처분심사권(§107②), 규칙제정권(§108) 등이 있다. 실질적 의미의 사법작용 중에서 헌법재판소의 권한(§111

①)과 국회의 자격심사·징계(§64④), 행정심판(§107③), 대통령의 사면권(§79①) 등은 법원 이외의 권한이다.

법원은 최고법원인 대법원과 각급 법원으로 조직된다(§101②). 대법원은 대법원장과 대법관으로 구성되며, 대법관이 아닌 일반법관도 둘 수 있다(§102②). 4명씩 3부로 구성되어 있고, 대법원장과 법원행정처장을 합하여 총 14명이다. 대법원장은 법원의 수장(首長)으로서, 전원합의체의 재판장이며, 대법관회의의 의장이다. 그리고 판사에 대한 임명권과 보직권, 법원 공무원의 임면, 사법행정권(§104②) 등의 권한을 가진다.

고등법원은 민사부·형사부·특별부 등 판사 3인으로 구성된 합의부로 구성되며, 현재 서울·부산·대구·광주·대전에 있다. 특허법원도 고등법원급이다. 지방법원은 단독판사와 3인의 합의부에 의한 민사·형사재판을 담당한다. 지역적 거리를 고려하여 지방법원 지원(支院)이 있는 곳이 있고, 사소한 사건을 다루는 시군법원도 있다. 가사심판 사건과 소년보호 사건을 다루는 가정법원이 서울에 설치되어 있는데 지방은 지방법원에서 이를 담당한다. 행정법원도 지방법원급이다.

한편 특별법원이란 대법원에의 상고(上告)가 인정되지 않거나 일반법관과 같이 신분과 독립성이 보장되지 않는 심판관으로 구성된 법원을 말한다. 군사법원(§110)이 있지만, 상고는 원칙적으로 허용된다.

공정한 재판을 위하여 사법권의 독립이 중요하다. 구체적으로 첫째, 법원조직의 독립이 있다. 사법권은 법관으로 구성된

법원에 속하는데(§101①), 대법원과 각급 법원으로 조직되며(§101②), 법원의 조직은 법률로 정한다(§102③)고 하여 입법부와 행정부로부터의 독립이 규정되어 있다.

둘째, 재판독립(물적 독립)이 있다. 헌법 §103는 "법관은 헌법과 법률이 정하는 바에 의하여 양심에 따라 독립하여 심판한다."라고 규정하여, 헌법과 법률 그리고 법관의 직업적 양심 외에는 다른 국가기관으로부터 독립하여 재판하도록 하였다. 이것은 소송당사자와 사법부 내부로부터도 독립하여 심판하는 것을 포함한다. 법원조직법 §8가 "상급법원의 재판에서의 판단은 당해 사건에 관하여 하급심을 얽맨다."라고 한 것은 심급제에 의한 법원의 통일성을 규정한 것일 뿐 상급심법원의 지시나 간섭을 의미하지 않는다.

셋째, 법관인사의 독립(인적 독립)이 있다. 대법원장과 대법관이 임명되면, 일반법관은 대법관회의의 동의로 대법원장이 임명(§104③)한다. 그리고 법관의 자격은 법률로 정하는데(§101③), 법원조직법 §42 등에 규정되어 있다. 또 법관은 탄핵·금고 이상의 형 선고에 의하지 않고는 파면되지 않으며, 징계처분에 의하지 않고는 정직·감봉 기타 불리한 처분을 받지 않는다(§106). 더 자세한 내용은 『법원이야기(오호택, 살림지식총서 390)』를 참조하기 바란다.

기본권보장의 최후의 보루 헌법재판소

헌법소송(헌법재판)이란 헌법해석과 직접 관련되는 재판으로, 넓은 의미로는 규범통제·탄핵심판·정당해산심판·권한쟁의심판·헌법소원심판 및 선거소송을 말한다. 우리는 이 중 선거소송은 대법원과 고등법원이 담당하고 나머지는 헌법재판소가 담당한다. 좁은 의미로는 규범통제(위헌법률심판)를 말한다. 헌법재판은 헌법을 수호하고, 권력을 통제하여 민주주의를 실천하며, 국민의 기본권을 수호하고, 소수자를 보호하며, 평화적 정치를 가능하게 한다.

헌법재판은 일반재판과는 구분되는데, 헌법재판은 헌법해석(헌법질서의 수호·유지)이 주요문제이며, 개인의 권리구제는 부차적이다. 그리고 재판의 결과는 일반적 효과(대세효)가 있으므로 입법작용과 유사한 법형성적 기능을 가진다.

헌법재판소는 대통령·국회·대법원장이 지명하는 9인의 재판관으로 구성되며, 대통령이 소장을 지명한다. 삼권분립에 기초한 이러한 임명방식은 현대 헌법에 맞지 않으며, 국민의 성향이 왜곡되어 나타날 수 있다. 앞에서 설명한 중앙선거관리위원회도 같다. 한편 재판부를 보좌하는 사무처가 있다.

위헌법률심판은 미국 연방대법원의 1803년 'Marbury v. Madison' 사건에서 최초로 이루어졌다. 위헌법률심판은 법률이 헌법에 어긋나는지의 여부가 재판의 전제가 되었을 때 법원의 제청으로(§111①) 이루어진다. 위헌결정을 하려면 재판관 9

인 중 6인 이상의 찬성이 필요하다.

탄핵심판은 고대 그리스에서 유래하였고, 14세기 영국과 18세기 미국의 고급공무원 파면제도로 이어진다. 탄핵결정을 받은 공무원은 공직으로부터 파면되며, 민·형사상의 책임은 별개이다. 위헌정당해산심판은 정당의 목적이나 활동이 민주적 기본질서에 어긋날 때 헌법재판소의 심판에 의해 강제로 해산되는 제도이다. 한편 권한쟁의심판이란 국가기관 상호 간, 국가기관과 지방자치단체 및 지방자치단체 상호 간의 권한에 다툼이 있을 때, 이에 대하여 헌법재판소가 권한의 범위를 결정해 주는 심판이다(§111①iv).

헌법소원심판이란 공권력의 행사 또는 불행사로 헌법상 보장된 기본권을 침해받은 자의 기본권 구제를 위한 제도이다(헌법재판소법 §68①). 다만 법원의 재판은 제외된다. 헌법소원은 ①자기의 기본권이 침해되었어야 하며, ②현재·직접 관련성이 있어야 하고, ③다른 구제절차가 있는 경우 이를 먼저 거쳐야 하며(법 §68①후단), ④사유가 있음을 안 날로부터 90일, 있었던 날로부터 1년 이내에 청구해야 하고, 사전절차를 거친 경우는 최종통지를 수령한 후 30일 이내에 청구해야 한다. 또한 위헌소원(법 §68②)은 법원에 의해 기각된 날로부터 30일 이내에 제기해야 한다(법 §69②). 더 자세한 내용은『헌법재판이야기(오호택, 살림지식총서 238)』를 참조하기 바란다.

헌법의 수호와 저항권

앞에서 개헌절차의 위헌성을 설명했다. 과연 절차만 문제인가? 내용도 부끄럽다. 특정인만 연임할 수 있다는 것은 전형적인 후진국이라는 의미다. 또 5공헌법(1980) 부칙 §6③은 "국가보위입법회의가 제정한 법률과 이에 따라 행하여진 재판 및 예산 기타 처분 등은 그 효력을 지속하며, 이 헌법 기타의 이유로 제소하거나 이의를 할 수 없다."라고 하여 헌법에 근거가 없던 국가보위입법회의를 사후에 추인하였는데, 여기서 만든 많은 법률이 사후에 악법이라고 평가되었다.

헌법 자체에 문제가 있었던 적도 있지만, 헌법이 무력화되고 헌법 외적인 힘으로 국가가 운영되던 때도 많았다. 평가는 사람에 따라 다를 수 있겠지만, 1960년의 4·19, 1961년의 5·16, 1972년의 이른바 10월 유신, 1980년의 5·18 등이 그렇다. 이러한 비정상적인 시기에 헌법을 수호해야 하는 책임은 결국 국민에게 있다. 왜냐하면, 대한민국의 주인은 국민이고 국가의 모든 것에 대하여 궁극적으로 책임이 있기 때문이다. 맨 마지막에는 저항권을 행사할 수 있다. 그러나 불법적 권력집단이 사태를 장악한 경우 저항권을 행사한다고 해도 성공하기는 어렵다. 따라서 '평상시의 비판적 복종의 자세'가 국민에게 요구되는 것이다. 국민과 헌법은 필요충분조건이다. 다시 말해서 국민의 헌법에의 의지가, 훌륭한 헌법과 이에 바탕을 둔 일류국가를 이룩하게 하고 그 안에서 국민들이 행복해질 수 있게 만드는 필요충분조건이다.

우리 헌법 이야기

| 펴낸날 | 초판 1쇄 2012년 3월 12일 |
| | 초판 2쇄 2017년 11월 27일 |

지은이	**오호택**
펴낸이	**심만수**
펴낸곳	**(주)살림출판사**
출판등록	1989년 11월 1일 제9-210호

주소	경기도 파주시 광인사길 30
전화	031-955-1350 팩스 031-624-1356
홈페이지	http://www.sallimbooks.com
이메일	book@sallimbooks.com

| ISBN | 978-89-522-1749-3 04080 |
| | 978-89-522-0096-9 04080(세트) |

089 커피 이야기 `eBook`

김성윤(조선일보 기자)

커피는 일상을 영위하는 데 꼭 필요한 현대인의 생필품이 되어 버렸다. 중독성 있는 향, 마실수록 감미로운 쓴맛, 각성효과, 마음의 평화까지 제공하는 커피. 이 책에서 저자는 커피의 발견에 얽힌 이야기를 통해 그 기원을 설명한다. 커피의 문화사뿐만 아니라 커피에 대한 일반적인 정보 및 오해에 대해서도 쉽고 재미있게 소개한다.

021 색채의 상징, 색채의 심리

박영수(테마역사문화연구원 원장)

색채의 상징을 과학적으로 설명한 책. 색채의 이면에 숨어 있는 과학적 원리를 깨우쳐 주고 색채가 인간의 심리에 어떤 작용을 하는지를 여러 가지 분야의 사례를 통해 설명한다. 저자는 색에는 나름대로의 독특한 상징이 숨어 있으며, 성격에 따라 선호하는 색채도 다르다고 말한다.

001 미국의 좌파와 우파 `eBook`

이주영(건국대 사학과 명예교수)

진보와 보수 세력의 변천사를 통해 미국의 정치와 사회 그리고 문화가 어떻게 형성되고 변해왔는지를 추적한 책. 건국 초기의 자유방임주의가 경제위기의 상황에서 진보-좌파 세력의 득세로 이어진 과정, 민주당과 공화당의 대립과 갈등, '제2의 미국혁명'으로 일컬어지는 극우파의 성장 배경 등이 자연스럽게 서술된다.

002 미국의 정체성 10가지 코드로 미국을 말하다 `eBook`

김형인(한국외대 연구교수)

개인주의, 자유의 예찬, 평등주의, 법치주의, 다문화주의, 청교도 정신, 개척 정신, 실용주의, 과학 · 기술에 대한 신뢰, 미래지향성과 직설적 표현 등 10가지 코드를 통해 미국인의 정체성과 신념을 추적한 책. 미국인의 가치관과 정신이 어떠한 과정을 통해서 형성되고 변천되어 왔는지를 보여 준다.

058 중국의 문화코드

강진석(한국외대 연구교수)

중국의 핵심적인 문화코드를 통해 중국인의 과거와 현재, 문명의 형성 배경과 다양한 문화 양상을 조명한 책. 이 책은 중국인의 대표적인 기질이 어떠한 역사적 맥락에서 형성되었는지 주목한다. 또한, 구체적이고 실제적인 여러 사물과 사례를 중심으로 중국인의 사유방식에 대해 설명해 주고 있다.

057 중국의 정체성   eBook

강준영(한국외대 중국어과 교수)

중국, 중국인을 우리는 과연 어떻게 이해해야 하나? 우리 겨레의 역사와 직·간접적으로 끊임없이 영향을 주고받은 중국, 그러면서도 아직까지 그들의 속내를 자신 있게 말할 수 없는, 한편으로는 신비스럽고, 한편으로는 종잡을 수 없는 중국인에 대한 정체성을 명쾌하게 정리한 책.

015 오리엔탈리즘의 역사   eBook

정진농(부산대 영문과 교수)

동양인에 대한 서양인의 오만한 사고와 의식에 준엄한 항의를 했던 에드워드 사이드의 오리엔탈리즘. 이 책은 에드워드 사이드의 이론 해설에 머무르지 않고 진정한 오리엔탈리즘의 출발점과 그 과정, 그리고 현재와 미래의 조망까지 아우른다. 또한 오리엔탈리즘이 사이드가 발굴해 낸 새로운 개념이 결코 아님을 역설한다.

186 일본의 정체성   eBook

김필동(세명대 일어일문학과 교수)

일본인의 의식세계와 오늘의 일본을 만든 정신과 문화 등을 소개한 책. 일본인을 지배하는 이데올로기는 무엇이고 어떤 특징을 가지는지, 일본을 주목해야 하는 이유는 무엇인지 등이 서술된다. 일본인 행동양식의 특징과 토착적인 사상, 일본사회의 문화적 전통의 실체에 대한 분석을 통해 일본의 정체성을 체계적으로 살펴보고 있다.

261 노블레스 오블리주 세상을 비추는 기부의 역사

예종석(한양대 경영학과 교수)

프랑스어로 '높은 사회적 신분에 상응하는 도덕적 의무'를 뜻하는 노블레스 오블리주. 고대 그리스부터 현대까지 이어지고 있는 노블레스 오블리주의 역사 및 미국과 우리나라의 기부 문화를 살펴보고, 새로운 시대정신으로 노블레스 오블리주를 부활시킬 수 있는 가능성을 모색해 본다.

396 치명적인 금융위기, 왜 유독 대한민국인가 eBook

오형규(한국경제신문 논설위원)

이 책은 전 세계적인 금융 리스크의 증가 현상을 살펴보는 동시에 유달리 위기에 취약한 대한민국 경제의 문제를 진단한다. 금융안정망 구축 방안과 같은 실용적인 경제정책에서부터 개개인이 기억해야 할 대비법까지 제시해 주는 이 책을 통해 현대사회의 뉴노멀이 되어 버린 금융위기에서 살아남는 방법을 확인해 보자.

400 불안사회 대한민국, 복지가 해답인가 eBook

신광영(중앙대 사회학과 교수)

대한민국 사회의 미래를 위해서 복지는 선택이 아니라 필수라고 말하는 책. 이를 위해 경제 위기, 사회해체, 저출산 고령화, 공동체 붕괴 등 불안사회 대한민국이 안고 있는 수많은 리스크를 진단한다. 저자는 사회적 위험에 대응하기 위한 복지 제도야말로 국민 모두의 삶의 질을 높일 수 있는 길이라는 것을 역설한다.

380 기후변화 이야기 eBook

이유진(녹색연합 기후에너지 정책위원)

이 책은 기후변화라는 위기의 시대를 살면서 우리가 알아야 할 기본지식을 소개한다. 저자는 기후변화와 관련된 핵심 쟁점들을 모두 정리하는 동시에 우리가 행동해야 할 실천적인 대안을 제시한다. 이를 통해 독자들은 기후변화 시대를 사는 우리가 무엇을 해야 할 것인지에 대하여 생각해 볼 수 있을 것이다.

사회 · 문

(주)살림출판사
www.sallimbooks.com
주소 경기도 파주시 문발동 522-1 | 전화 031-955-1350 | 팩스 031-955-1355